Historia del Diseño Gráfico Contemporáneo

Graciela A. García
Viviana Labella
Alejandra Rey
Verónica Rodríguez Marengo

Historia del Diseño Gráfico Contemporáneo

García, Graciela A. - Labella, Viviana - Rey, Alejandra - Rodríguez Marengo, Verónica - 1a ed. - Ciudad Autónoma de Buenos Aires: diseño, 2024.
160 p. ; 21×15 cm

ISBN 978-1-64360-853-2

1. Diseño Gráfico. 2. Historia. I. Título

Hecho el depósito que marca la ley 11.723

ISBN 978-1-64360-853-2

Abril de 2024

Indice

Indice

Prólogo

El Diseño Gráfico en nuestro país, tiene como antecedente el acontecer del período histórico de los primeros años del siglo XX, con sus escasas publicaciones, diarios y revistas, que con propuestas ingenuas, daban un tono humorístico que atrapa al consumidor.

En las décadas de los años veinte y treinta cabe destacar los trabajos de afiches de "Pum en el ojo", ya con un carácter modernista. Por esa época nacen las primeras agencias y con ellas el diseño publicitario, pero el Diseño Gráfico tal como hoy lo concebimos, tiene su origen en los años cincuenta, años del Instituto Di Tella y Juan Carlos Distéfano que constituyeron el acontecimiento que despertó un nuevo modo de ver.

También debe mencionarse la actividad de Tomás Maldonado y la cercana creación de las carreras de Diseño Gráfico en la Universidad de Mendoza y algo más tarde en la de La Plata. Debe citarse el esfuerzo editorial de Paidós, Lerú, Infinito, Poseidón, El Ateneo y para cerrar esta rápida visión debemos mencionar dos acontecimientos, uno, la fundación de la Asociación de Diseñadores Gráficos y el de mayor relevancia que es la creación de las carreras de Diseño Gráfico e Industrial en la Universidad de Buenos Aires que ha superado los cálculos más optimistas.

Es precisamente de la carrera de Diseño Gráfico de donde provienen las autoras de este libro, muy pronto egresadas, Graciela Adriana García, Viviana Labella, Alejandra Rey y Verónica Rodríguez Marengo, que en una recopilación histórica nos entregan este esforzado libro al que sólo caben elogios y constituye el ejemplo de la inserción de sus autoras en esta sociedad en que vivimos.

Personalmente, y en lo tocante al aspecto bibliográfico, esta historia llena la falta de respuesta que durante tantos años de docencia me impidió recomendar un libro en nuestro idioma sobre la Historia del Diseño.

Guillermo H. Coni-Molina

Introducción

Nuestra intención fue buscar y recopilar material para conformar una rápida visión sobre la historia del Diseño Gráfico desde principios de siglo hasta cercanos nuestros días.

Fue una tarea difícil, y, aunque no pudimos lograr todos los objetivos, creemos que este trabajo de investigación sirve para abrir el camino que esperamos aliente a muchos de ustedes a seguirlo.

Esta recopilación está dirigida a todos los estudiantes de Diseño Gráfico y al grupo docente que colaboró en la formación de nuestra promoción, la de los primeros diseñadores gráficos de la Universidad de Buenos Aires.

Alejandra, Viviana, Verónica y Graciela
Noviembre de 1987

Capítulo I

El mundo al finalizar la Primera Guerra Mundial

La herencia de los movimientos pictóricos de principios de siglo: arte y gráfica:

Las dos primera décadas del siglo XX fueron de grandes cambios en los aspectos político, cultural, social y económico que influyeron en la condición humana.

En Europa, la monarquía fue reemplazada por la democracia, el socialismo y el comunismo ruso.

La tecnología y las ciencias transformaron la industria y el comercio. El transporte sufrió un gran cambio a partir del advenimiento del automotor (1885) y el aeroplano (1903).

Algo parecido sucede con los medios de comunicación: la aparición del cine (1896) y las transmisiones radiales (1895).

La Primera Guerra Mundial (1914/18) sacudió las tradiciones y las instituciones de la civilización occidental.

Como consecuencia de esto, las artes visuales experimentaron una serie de revoluciones creativas que cuestionaron el rol de la sociedad y los sistemas de organización. La organización social no satisfacía la necesidad y razón de la vanguardia europea emergente.

Algunos artistas comienzan a volcarse hacia las elementales ideas de color y forma, a la protesta social, las teorías freudianas y las profundas emociones personales.

Movimientos modernos como el **Fauvismo** y el **Expresionismo Alemán**, tuvieron poca influencia sobre el diseño gráfico, mientras que otros como el **Cubismo, Futurismo, Dadaísmo, Surrealismo, De Stijl, Suprematismo** y **Constructivismo** impactan sobre el lenguaje gráfico y las comunicaciones visuales de este siglo.

La evolución del diseño tipográfico del siglo XX, estaba ligado estrechamente a la pintura moderna, poesía y arquitectura. La unión de la pintura cubista y la poesía futurista tuvo gran influencia en el origen del diseño gráfico.

Expresionismo alemán:

Expresionismo, cubismo y futurismo: tres vanguardismos de signo muy distinto, pero que tienen en común el haber representado la definitiva ruptura de las artes con la estética de corte naturalista.

Si el expresionismo refleja una imagen de realidad deformada por el artista, el cubismo pretende captar esta misma realidad desde todos los ángulos, mientras que el futurismo intenta reflejar el movimiento de dicha realidad. El pri-

Edvard Munch: "El grito", 1893.

Edvard Munch: "Ansiedad"

Wassily Kandinsky: "Batalla", 1910.

Piau' Klee "Estigmatizado

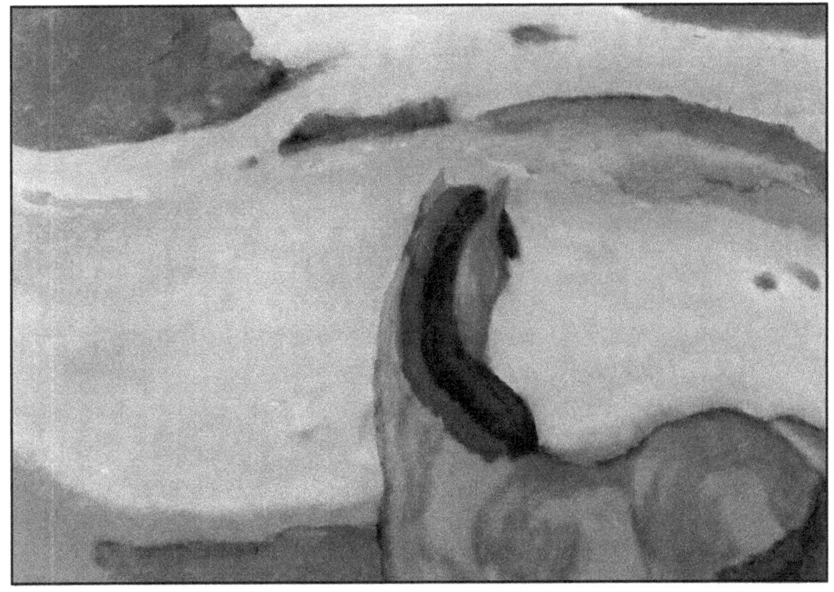

Franz Marc: "Caballo en un paisaje".

mero reivindica la presencia de la subjetividad del artista; el segundo la sabiduría del artista que no sólo refleja lo que ve, sino lo que sabe del objeto, y el tercero pretende expresar la simultaneidad de sensaciones y de ideas a través del movimiento del objeto.

Sólo el futurismo constituye un grupo disciplinado, debido a su mayor fugacidad que los otros dos vanguardismos y menor riqueza que éstos.

En cualquier caso, cada uno constituye las reacciones alemana, francesa e italiana al academicismo naturalista anterior.

A diferencia sobre todo del futurismo, y en menor proporción al cubismo, el expresionismo no constituye una escuela definida y cerrada. Dicho movimiento abarca desde los primeros años del siglo XX (1905) hasta su desaparición forzosa a manos del nazismo en 1933.

Al contrario de los restantes vanguardismos, el expresionismo no rinde tributo al mito de la modernidad, no rompe con toda la herencia cultural germánica. Nace como reacción contra el orden kaiseriano y puede definirse por su rechazo de la estética naturalista y del intento de superación de la misma realizada por el impresionismo.

Al expresionismo le interesa la reconstrucción de la realidad a partir del yo del artista. El arte no será retrato sino creación, realidad en sí mismo. Reivindica la subjetividad del creador.

El objeto del expresionismo es la captación de la esencia espiritual de la realidad, de una concepción atormentada de la vida y el arte. Este sentimiento trágico de la realidad será uno de los blancos de las burlas Dadá. Esta tensión interna angustiante, desde la recreación subjetiva del artista, debe efectuarse a través del estilo y la experimentación tonal.

Es un movimiento con un bagaje estético abierto que no rompe con la tradición cultural alemana ni niega la realidad política y cultural del país, abarcando toda clase de artes.

El Puente (1905-1913): El grupo que más sintió la resonancia del arte del mundo fue **Die Brucke** (El Puente), de Dresde.

El puente se propone romper con el pasado inmediato y con las convenciones. Establece un "puente" con la realidad, con lo verdadero de la vida.

Recibieron la influencia de Van Gogh y el arte negro africano (vitalidad y violencia cargada de expresionismo) y la explosión cromática y vitalista de los fauves. Pintura amargante con colores ásperos y estridentes: muestra deseos oscuros del espíritu humano. Sus protagonistas fueron: Emil Nolde, James Ensor y Munch.

El jinete azul (1911-1914): Der Blaue Reiter (El jinete azul) fue constituído inicialmente por **Kandinsky**, **Kubin** y **Marc** a los que se agregaron luego **Klee**, **Macke**, **Bechtedeff** y **Mogilewsky**. Sus objetivos fueron más estéticos que ideológicos. Estos artistas se desentendieron de la denuncia social o moral y de la ética. Recibieron influencia fauvista, cubista y la experiencia luminista cromática. Sus características fueron los planos de diáfonos y luminosos colores, formas de animales, árboles y cielos que se confunden en una imagen alegre, pero que a veces alude a una tragedia encubierta.

El jinete azul tuvo tres artistas de real valor: Marc, que murió en la guerra, Paul Klee y Wassily Kandinsky que siguieron sus propios caminos.

El futurismo italiano:

El primer manifiesto del futurismo publicado por el poeta italiano **Filippo Marinetti**, el 20 de febrero de 1909 en Le Fígaro, es la toma de conciencia de una necesidad, la de proponer una dinámica en contra del estatísmo tanto del pasado como del presente. Se habló de una renovación de la sensibilidad humana, vinculada con los descubrimientos técnicos y científicos: teléfono, telégrafo, fonógrafo, bicicleta, cine, automóvil, tren, motocicleta, avión. Marinetti, Carlo Carrá, Umberto Boccioni, Giacomo Balla y Gino Severini ponen en marcha esta doctrina del mundo moderno, esa "belleza de la velocidad": transformación, simultaneidad, persistencia del plano y la imagen, multiplicación de elementos proyectados sobre un espacio también en acción.

El futurismo, como actitud de ruptura, desacralización, anexamiento a la actitud de su tiempo y planteo intelectual irradió hacia Dadá algunos aspectos del Pop-art y el arte conceptual creando la conciencia de mutación y cambio.

Los críticos los acusaban de ser fotográficos y comparaban sus obras con fotografías de exposición múltiple a alta velocidad.

Giacomo Balla (1851-1958): Estudia el movimiento en el espacio utilizando variedad de colores. Realiza "Mercurio": estudio de compenetraciones luminosas, resuelto en líneas elipsoidales. Sobre la base de un objeto, los futuristas ejercitaron sus análisis cinéticos. En la obra de Balla la alusión a un objeto concreto va desapareciendo, afianzándose la base necesaria para una pintura abstracta.

Gino Severini (1883): Interpreta el futurismo de un modo personal. Tiene una visión límpida y espontánea. El toque puntillista aporta zonas de color pequeñas y planas, rodeadas por una línea segmentada que indica el ritmo del movimiento. Sus obras fueron muy importantes en París.

En "Jeroglíficos" los planos son coloreados y luminosos. A diferencia o por reacción al cosmopolitismo cubista, el futurismo interpreta la modernidad en su vertiente imperialista, nacionalista y militarista (campaña para el intervencionismo bélico de 1914).

Filippo Marinetti (1876-1944): Se aferra a sus posiciones políticas; funda la agrupación prefascista y se entrega a una actividad abiertamente política. Pero el fascismo, que tanto debe y no sólo en su retórica y en estética, al futurismo, acaba (no de manera violenta) con el movimiento.

Este artista, estableció que el futurismo es un movimiento revolucionario para todos sus seguidores, para probar sus ideas y formas a través de las nuevas realidades de la sociedad científica e industrial.

En su manifiesto declara entusiasmo por la guerra, la edad de la máquina y la vida moderna y ataca a los museos y librerías, al moralismo y feminismo.

En el año 1913, Marinetti publicó un artículo incitando a una revolución tipográfica, en vez de utilizar la clásica tradicional.

Los futuristas poetas creían que el uso de diferentes medidas, peso y estilo de tipos, les permitía vincular la forma con el contenido poético porque la belleza intrínseca de las letras, manipuladas creativamente, transformaban a la página impresa en un trabajo de arte visual.

Umberto Boccioni: En su escultura "Formas únicas de continuidad en el

Giacomo Balla: "Perro en marcha", 1912.

Giacomo Balla: "Velocidad abstracta", 1913.

Gino Severini: "Dinamismo de forma luminosa en el espacio".

Antonio Sant'Elia: "La ciudad Nueva", 1916.

Filippo Marinetti: "Encuentro tumultuoso", 1919.

Umberto Boccioni: "Formas únicas de continuidad en el espacio", 1915.

Umberto Boccioni: "Cartel para un concierto futurista".

espacio" presenta el dinamismo de la figura humana. Encarna el movimiento en forma tridimensional, con luz e incluso sonido. Boccioni habló de la necesidad de romper los rígidos contornos de las figuras, de crear una continuidad dinámica en el espacio y de fusionar la figura con su medio ambiente.

Antonio Sant'Elia (1886-1916): Arquitecto futurista. Su visión de ciudad se basaba en circulación a muchos niveles, con túneles para vías de ferrocarril y carreteras coronados por espacios de aterrizaje para la aviación.

Permitía que la función se manifestara formando parte del diseño. Los ascensores estaban situados en el exterior del edificio. La nueva ciudad de Sant'Elía no pasó de ser una idea; nunca se construyó.

El "Manifiesto de Arquitectura Futurista" fue escrito por Antonio Sant'Elía. Según este autor, la construcción debía basarse en la tecnología y la ciencia y consideraba al diseño como única demanda de la vida moderna. Declaró la decoración como absurda y usaba las dinámicas diagonales y las líneas elípticas, porque su poder emocional era mayor que el de las horizontales y verticales.

Sus ideas visionarias trascendieron su muerte e influenciaron en el diseño moderno, particularmente en el Art Decó.

El Constructivismo. Suprematismo ruso:

El florecimiento del arte ruso, durante la formación de la URSS, influyó en el diseño gráfico y en la tipografía del siglo XX.

Los artistas rusos absorbieron las nuevas ideas del cubismo y el futurismo con asombrosa rapidez.

Sus experimentaciones en tipografía y diseño gráfico caracterizaron a los libros de los artistas futuristas.

Simbólicamente, los libros de los futuristas rusos fueron una reacción contra los valores de la Rusia Zarista. El uso de toscos papeles y las producciones artesanales expresaban la pobreza de la sociedad del momento.

Kasimir Malevich (1878-1935): Creó un estilo de pintura basado en formas y colores puros que llamó **Suprematismo**. Después de trabajar con el futurismo y el cubismo creó una geometría abstracta nueva y pura.

La función utilitaria y la representación pictórica fueron rechazadas por Malevich, quien apuntaba a la suprema expresión del sentimiento, sin buscar ideas ni valores prácticos.

Consideraba que la esencia de la experiencia artística es el efecto perceptual del color. Para demostrarlo en 1913 exhibió un cuadrado negro pintado sobre un fondo blanco. Este sentimiento de contraste evocaba a la esencia del arte.

Junto a otros artistas como **Wassily Kandinsky** (1866-1944) sostuvo que el arte debía permanecer apartado de las necesidades de la sociedad como una actividad esencialmente espiritual.

Por otra lado, **Wladimir Tatlin** (1885-1953) y **Alexander Rodchenko** (1891-1956) y otros veinticinco artistas proclamaron un punto de vista totalmente opuesto: "arte para la causa del arte".

En 1921 se dedicaron al diseño industrial y a las comunicaciones visuales, apoyando a la nueva sociedad comunista.

Alexander Rodchenko: "Fotomontaje de Lenín", 1937.

Kasimir Malevich: "Cuadrado negro", 1913.

El Lissitzky: "Proun 23", 1919.

Se denominaban "constructivistas" y fue **Aleksei Gan** quien en 1922 formuló la ideología constructivista.

Criticó a los pintores abstractos por no haber cortado el cordón umbilical con el arte tradicional.

Gan escribió que lo tectónico, las texturas y la construcción eran los tres principios del constructivismo. "Tectónico" representa la unificación de la ideología comunista con las formas visuales, la textura significa la naturaleza de los materiales utilizados por los constructivistas para la producción industrial, y la construcción simbolizaba el proceso creativo y las leyes de organización visual.

El Lissitzky (Lazar Markovich) (1890-1941), fue pintor, arquitecto, diseñador gráfico y fotógrafo.

En 1918 Marc Chagall lo invitó a unirse a la Facultad de Vitebs. Malevich, que enseñaba allí, constituyó la mayor influencia en el Lissitzky, quien desarrolló un estilo de pintura al que llamó Prouns: proyecto para el establecimiento de un nuevo arte.

En contraste con la pintura plana de Malevich, en Prouns introduce las tres dimensiones proyectadas desde la pintura plana. El Lissitzky denominó a Prouns un estadio intermedio entre la pintura plana y la arquitectura.

Con la Revolución Rusa (1917) El Lissitzky vió un nuevo comienzo para la humanidad. El comunismo, junto con la ingeniería social, crearían un nuevo orden. La tecnología proveería a las necesidades de la sociedad y el artista, el diseñador gráfico, forjarían una unidad entre el arte y la tecnología construyendo un mundo de objetos para el mejoramiento de la sociedad.

Este ideal lo llevó a incrementar su interés en el diseño gráfico. Generalmente usaba instrumentos de dibujo y diferentes "pastas" para grabar sus diseños.

Sostuvo que los procesos de fotomecánica reemplazarían sin duda, al sistema de Gutenberg.

En 1921 se mudó a Berlín, allí tomó contacto con **De Stijl**, el **Bauhaus**, **Dadaístas** y **Constructivistas**. Desarrolló ideas tipográficas y experimentó con fotomontajes. Sus trabajos tuvieron notable influencia en los diseños editoriales.

El Cubismo. Picasso y su visión gráfica:

Si el fauvismo resulta una cierta continuidad exaltada y extrovertida del impresionismo, el cubismo coloca un freno austero a las exacerbaciones del color y al desborde irregular del contorno.

El cubismo produjo una conmoción y una ruptura definitiva, aunque ella se circunscriba especialmente al terreno de la pintura. De este principio nace un "gusto cubista" que se extendió menos ostensiblemente en los dominios de la arquitectura, la escultura y el hábitat y ofreció una amplia inspiración a las artes gráficas, la diagramación y el afiche.

Los principales artistas que se hallaron alrededor de este estilo del siglo XX fueron Pablo Picasso, Georges Braque, Juan Gris, Jean Metzinger, Robert Delaunay, Fernand Léger, Marcel Duchamp, Francis Picabia, Charles Jeanneret, Amedée Ozenfant, André Derain. La primera exposición del cubismo tuvo lugar en 1911 en "Los Independientes".

Pablo Picasso: "Las señoritas de Avignon", 1907.

Pablo Picasso: "Retrato de Kahnweiler".

Georges Braque: "Casas en L'estanque", 1908.

Georges Braque: "La paloma".

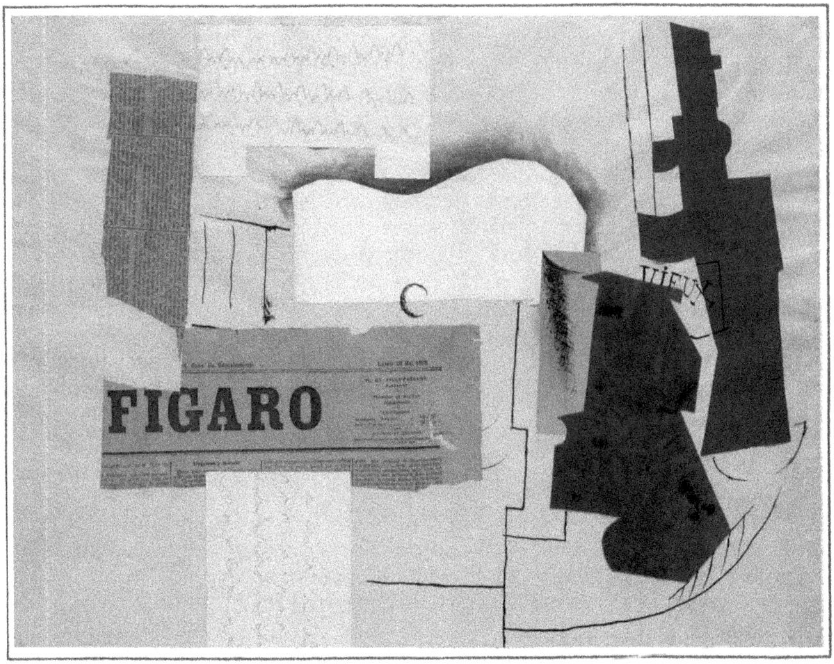

Pablo Picasso: "Botella de Vieux Marc, vaso, guitarra y periódico", 1912.

El origen de este movimiento es el cuadro realizado por el pintor español **Pablo Picasso** (1881-1973) "Las Damas de Avignon" (1907).

Las estilizaciones geométricas de las esculturas africanas y el pintor post-impresionista **Paul Cezanne** (1839-1906), influenciaron en la obra de **Picasso**.

El cubismo y el tratamiento geometrizado de las formas pictóricas de la naturaleza, fue una nueva manera de ocupar el espacio y la expresión de las emociones humanas.

Las figuras eran abstractas, formadas por planos geométricos, quebrando las clásicas normas pictóricas de la figura humana. Parecen estar compuestas de varias facetas del cuerpo, pero captadas desde ángulos distintos.

Picasso y **Braque**, en la etapa que hoy se considera la **primera fase del cubismo** (1907-1909), trabajaban bajo la influencia de **Cezanne**. Pero luego fueron desarrollando un estilo distinto, propio.

Pintaron paisajes que a primera vista parecen naturalezas muertas. Al eliminar toda la ilusión de profundidad, los elementos salían de su contexto, avanzaban hacia adelante. Esta fue la etapa transitoria del cubismo.

La siguiente fase (1909-1911), conocida actualmente como **cubismo analítico**, el tema pasa a ser menos importante que su tratamiento.

Braque y **Picasso**, decidieron que su enfoque podía desarrollarse mejor tomando temas en un espacio cerrado (naturalezas muertas) y usando colores en la gama de los grises, marrones, negros y ocres.

Una vez decidido el tema, concibieron la idea de desarrollarlo desde todos los lados y agrupar después todas las facetas en una vista única.

En la tercera fase del **Cubismo** (1911-1916), denominado **cubismo sintético** o **collage**, encontramos, dentro de los cuadros, letras, palabras enteras, números, en ocasiones objetos reales como formas visuales y significados asociados.

El cubismo pictórico pretende expresar la esencia de la realidad a través de la simultaneidad de sus formas geométricas. Esta inserción en un mismo lienzo-plano simultáneo de manifestaciones supone cierto predominio del intelecto (lo que el artista sabe del objeto) sobre el elemento sensorial (lo que ve).

En cuanto a la literatura, se incorpora por primera vez el humor, a través de los juegos verbales de **Apollinaire**. Los poemas son festivos, alegres y atravesados por el humor que los dadaístas convertirán en corrosivo y los surrealistas en negro, correlacionado con los acontecimientos de su tiempo. En un poema de **Apollinaire**, la tipografía se convierte en un pájaro, una fuente con agua o en un ojo.

El Purismo:

Un purismo clasicista signa la obra de Le Corbusier, cuyos ideales apuntan hacia una armonía arquitectónica basada en una descomposición de formas geométricas, cubistas, plásticamente llena de belleza.

Le Corbusier (Charles Edouard Jeanneret) (1887-1965) nació en Suiza, pero siempre trabajó en París.

Además de arquitecto, Le Corbusier fue propagandista de la arquitectura, fundador del **CIAM** (Congreso Internacional de Arquitectura Moderna) organi-

Juan Gris: "Naturaleza muerta con guitarra".

zación que sirvió de centro de reunión a arquitectos y estudiantes de varios países para discutir acerca de sus actividades.

Su libro más influyente fue "Hacia una arquitectura" (1923).

Fue también pintor de cierta notoriedad. Para Le Corbusier, lo mismo que para **Wright**, el hombre es el centro de su actividad arquitectónica práctica y teórica. En el arquitecto suizo, las instancias colectivistas son las más importantes y se ve obligado a buscar una medida universal del hombre: **El Modulor** (1949), mientras que **Wright** buscaba sólo medidas individuales.

Al proyectar un edificio parte siempre de una evolución exacta de las necesidades sociales a las que ha de responder la construcción del modo más completo y satisfactorio.

Pero ésta es una función parcial de la arquitectura, relacionada con la técnica y las ciencias (sean éstas sociales o aplicadas a la industria). Arquitectura es también la expresión de la concepción espiritual del artista, que se realiza mediante el lenguaje de las formas, las relaciones proporcionales que rigen el espacio, las superficies, y la vitalidad que logra infundir en los materiales.

La arquitectura concebida en estos términos no se preocupa por el ambiente natural en que se ubica, sino que se impone a él con la fuerza de sus formas y de su idea preestablecida. Si una posición semejante no cae en el intelectualismo y la abstracción, ello se debe a la conciencia social de Le Corbusier y a su noble concepto del hombre.

Su obra maestra es la Ville Saboye (1928-1930), que representa el documento por excelencia del cubismo arquitectónico. Allí, la premisa del maestro "ingeniería más escultura arquitectura" alcanza su más exhaustiva realidad.

Amadee Ozenfant (1886-1966): Pintor francés, uno de los teóricos de la escuela de parís. Destacado exponente del Purismo, colaboró en algunas obras con Le Corbusier. Fundó en París la Academia Ozenfant.

En 1917 Ozenfant y Le Corbusier crearon el movimiento purista. Los cuadros de dicha escuela pertenecían a la tradición cubista, con preferencia por formas transparentes de objetos fabricados (por ejemplo: vasos). Publican juntos una influyente revista**: L'Esprit Nouveau** que lanzó al purismo pictórico y promovió una arquitectura renovadora acorde con su tiempo.

Constó de 30 números publicados entre 1920 y 1925 bajo la dirección de **P. Dermee**. En su manifiesto inaugural vemos la tendencia a incluir la temática de la "estética mecánica" en el contexto más amplio de las relaciones entre arte y producción.

Se consagraba a la actividad contemporánea en todas las artes: pintura, plástica y arquitectura, cine y teatro, y filosofía. En sus páginas se ofrecía a discusión las ideas y las obras más diversas y atrevidas.

L'Esprit Nouveau constituye hoy, una fuente indispensable para la historia del arte.

El Dadaísmo:

La Primera Guerra Mundial que tanto había excitado a los futuristas, provocó una reacción bastante opuesa en otro grupo de escritores y artistas, que eligieron el nombre **Dada**.

Le Corbusier: "Villa Savoye", 1920-30.

Marcel Duchamp: "Rueda de bicicleta", 1951.

Kurt Schwitters: "Establo Merz", 1945.

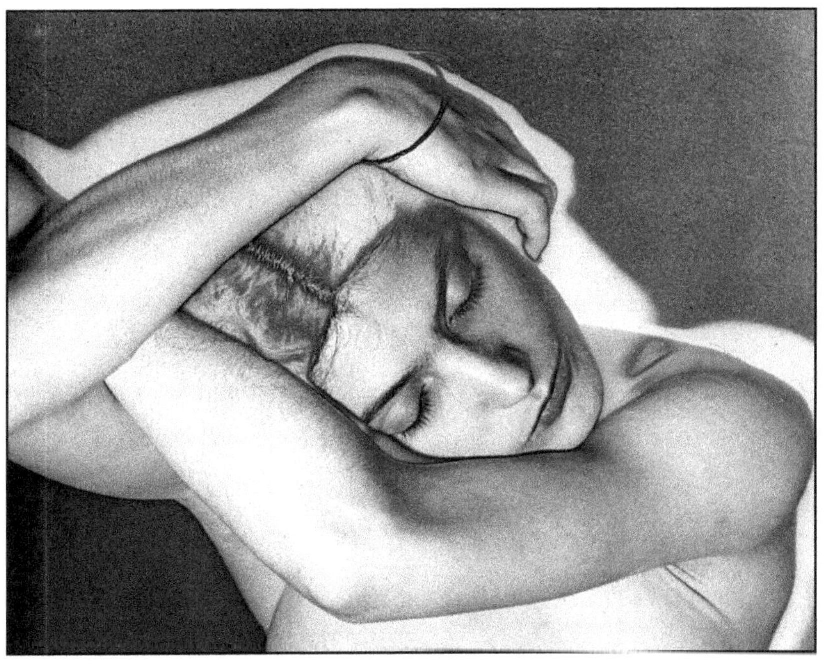

Man Ray: "Mujer durmiendo", 1929.

Creían que una sociedad que llegó a la Guerra Mundial, era mediocre y debían destruirse su cultura y su filosofía.

El Dadaísmo fue una actitud más que un estilo. Fue un movimiento contestario y artístico que se desarrolló entre los años 1915 y 1922. Lo fundó el pintor **Hans Arp**, el poeta **Tristan Tzara** y otros escritores que se reunían en el Café Voltaire de Zurich. En ese ámbito, los artistas Dada presentaban espectáculos estrafalarios de música y danza. Aproximadamente al mismo tiempo, **Marcel Duchamp**, **Man Ray** y **Francis Picabia**, fundaban un grupo similar en la ciudad de Nueva York.

En el año 1918, los dos grupos se reunieron en Laussane y publicaron un manifiesto y una revista.

Los Dadaístas se proponían destruir de distintos modos el arte establecido. Tomaban objetos de uso cotidiano y los exponían presentándolos como objetos de arte original.

El pintor y poeta **Kurt Schwitters**, hizo collages con objetos encontrados y los llamó **"Merz"**. Esta era su marca registrada y representaba la libertad en el proceso de creación, pero era una libertad basada en las disciplinas tradicionales, actitud que no coincidía con la postura dadaísta.

La síntesis del Dadaísmo, de acciones espontáneas y cambiantes, alejaba los diseños tipográficos de los preceptos tradicionales. El Dada continuó con el concepto del Cubismo, en las formas de letras como concretas formas visuales y no como símbolos fonéticos.

Muchos Dadaístas, produjeron un significativo arte visual que contribuyó al diseño gráfico.

Clamaban que habían inventado el fotomontaje: la técnica de manipulación de imágenes fotográficas para crear yuxtaposiciones y cambios de asociaciones. **Schwitters** definió la poesía, como la interacción de elementos: cartas, sílabas, palabras y oraciones. Fue invitado por **Theo Van Doesburg** a Holanda para promover el Dada.

La característica de Dada es un verdadero delirio de lo absurdo. Más que la obra, lo que interesa es el gesto, que fuese como una provocación contra el sentido común, la moral, las reglas establecidas y la ley.

Dada era el deseo de transformar la poesía en acción, intentaba soldar la ruptura entre arte y vida.

Pero en aquellos años Dada no podía subsistir: en 1920 termina como movimiento en Berlín. En 1923 finaliza en París.

Su reinvindicación de la intuición y de la vida se basaba en la negatividad. El surrealismo, en cambio, trató de dar fundamento a los valores intuitivos y a la libertad. Es el paso de la negación a la afirmación.

Las ideas de Sigmund Freud (1856-1939), Karl Marx (1818-1883), Albert Einstein (1879-1955):

Sigmund Freud: Psicólogo y escritor austríaco. Como neurólogo clínico estudió las enfermedades neuróticas y desarrolló teorías que fueron fundamentales en psicología.

Algunas de ellas han influído en el arte. Su descripción de la mente sub-

René Magritte: "El pensamiento que ve", 1965.

consciente y el psicoanálisis, su método de investigación por libre asociación, fue utilizado por los surrealistas y los pintores de acción.

También es importante el énfasis puesto por Freud sobre la sexualidad infantil y la sublimación del impulso sexual en otras actividades, incluída la artística. Obras "La interpretación de los sueños" (1900), "Psicología de la vida cotidiana" (1914).

Karl Marx: Filósofo alemán, político, historiador y economista.

Fue el que sistematizó el pensamiento socialista. Sus obras constituyen la base del comunismo moderno.

Pasó casi toda su vida en el exilio (en Inglaterra).

Sostenía que son los modos de producción los que determinarían las relaciones sociales, la condición de los hombres, su religión, filosofía y arte.

En su obra más importante "El Capital", analiza el capitalismo burgués y determina que éste sucumbirá ante sus crisis internas y la revolución del proletariado, el cual establecerá una sociedad socialista y finalmente comunista.

Albert Einstein: Físico alemán, cuyas teorías de la relatividad, expuestas por primera vez en artículos en 1905 (Teoría Especial) y en 1916 (Teoría General), han dominado las discusiones sobre física del siglo XX, influyendo en todos los terrenos del pensamiento.

El Surrealismo:

Los orígenes del surrealismo, se encuentran en la Revista Francesa "Litterature", fundada por **Andre Breton** (1896-1966), en el año 1919, con la participación de **Paul Eluard**, que formaba parte de la agitación dadaísta.

Breton era médico psiquiatra además de poeta, y conocía bien la obra de **Freud**, cuya teoría del psicoanálisis, abría insospechados temas a la exploración del psiquismo humano.

El surrealismo no era un conjunto único, compacto. Breton se propuso mantenerlo unido como un movimiento coherente. Constituído en guía espiritual del surrealismo, publicó un Manifiesto en 1924, en el cual definía al surrealismo como automatismo psíquico puro. Breton contaba con la colaboración de artistas como **Max Ernst** procedente del movimiento Dada y era obvio que siendo el subconciente una dimensión psíquica que funciona con imágenes, la pintura podría explorarla fácilmente a causa de su relación con el mundo de la imagen.

El movimiento surrealista es contemporáneo pero opuesto al programa racionalista del Bauhaus y a las abstracciones geométricas también racionalistas.

Adopta la búsqueda de la psicología moderna, sobre el origen de las variaciones de imágenes subconscientes.

Era importante, para el surrealismo, la investigación sobre los procesos del sueño, tal como **Freud** lo explicaba. Se definía como una actitud del espíritu frente a la vida y no como un conjunto de reglas formales de medidas estéticas.

Comenzó en 1924 y continuó durante la década del 30.

Las raíces del surrealismo se remontaban al siglo XV, ya que la vanguardia literaria y pictórica, se interesó por **H. Bosch** (El Bosco), porque en sus pinturas tradujo en símbolos los más profundos deseos y temores del hombre medieval.

Tanto el Bosco como **René Magritte** (400 años de diferencia), utilizan los

René Magritte: "El poder de las cosas", 1958.

Salvador Dalí: "La pareja desnuda", 1947.

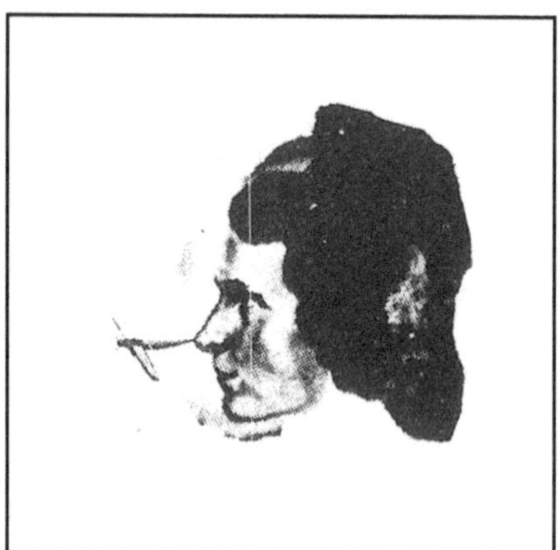

Salvador Dalí: "Alucinación con Gala", 1949.

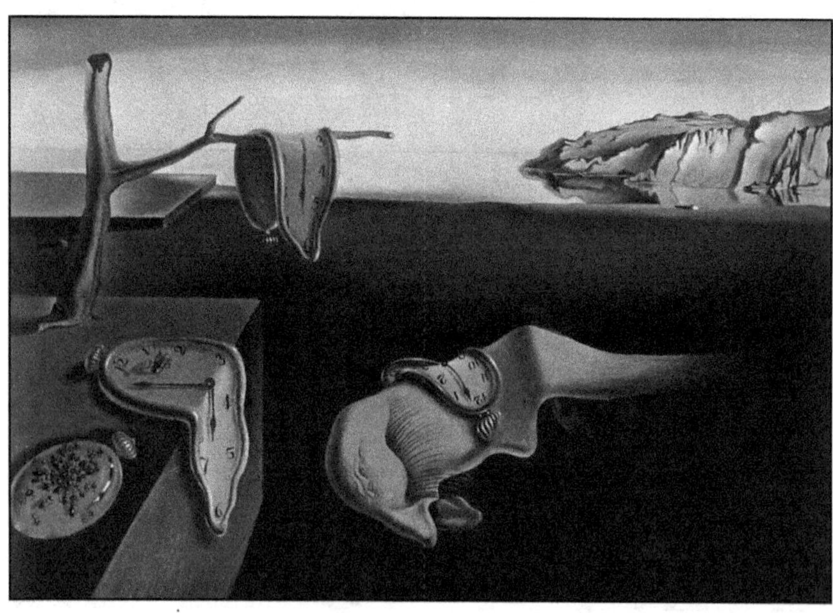

Salvador Dalí: "La persistencia de la memoria", 1931.

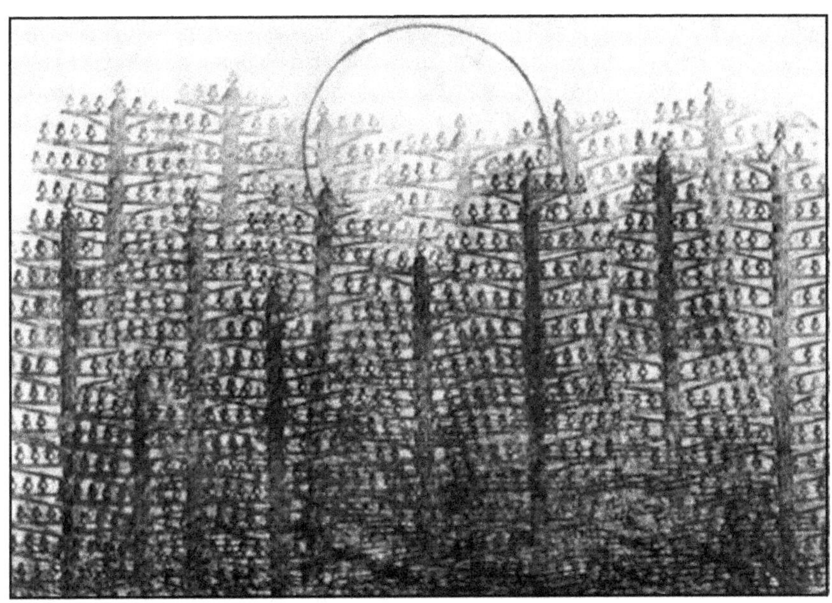

Max Ernst: "Bosque y sol", 1925.

Max Ernst: "La Ninfa Eco", 1936.

símbolos para expresar los sentimientos. René Magritte (1898-1967) fue influenciado por De Chirico y su obsesionante distorsión de la realidad. Magritte se parece a De Chirico en el uso similar del espacio en forma teatral y exagerada y la ausencia de sutilezas tonales, en el sombreado total y una modelación brusca que produce una impresión de abstracción.

Su intención es que los cuadros digan lo que están mostrando y nada más; es un arte directo.

Usaba variadas escalas, desafiaba las leyes de gravedad, las luces, creaba yuxtaposiciones inesperadas y mantenía un diálogo poético entre la realidad y la ilusión, la verdad y la ficción. Su arte contiene muy poco de los seres absurdos de Ernst, nada de las fantasías paranoicas de Dalí.

Al estar más próximo a De Chirico, se distingue de los otros surrealistas por los recursos técnicos (frottage), la formulación estética (biomorfismo) que dejó de lado.

La originalidad de sus imágenes reside en las secretas afinidades entre objetos disociados.

Utiliza el espacio para intensificar la ambigüedad de su arte, contrastando en los objetos, flotabilidad y peso.

Obras: "El asesino amenazado", "El falso espejo", "El poder de las cosas", "El pensamiento que ve", "Ilusiones de grandeza".

Salvador Dalí (1909-1986): Tenía una gran precisión técnica. Dalí era conciente de la diferencia entre el mundo imaginario y el real. Tenía obsesiones, visiones y tendía a tener alucinaciones que lo ponía en contacto con el mundo de sus pinturas.

Breton en 1941, opinaba que la fijación de las imágenes oníricas por medio del trompe l'oeil (ilusión de profundidad obtenida por la perspectiva), era la experiencia menos segura y con más errores.

Un ejemplo de esto es **Dalí**, quien definía su pintura como una instantánea en colores de la irracionalidad concreta. Obras: "La apoteosis del dólar", "La persistencia de la memoria", "Cisnes reflejando elefantes".

Max Ernst (1891-1965): Probablemente el mayor artista surrealista. Tenía una imaginación fértil; observaba con viveza la realidad y dejaba que su fantasía jugara con ella.

Solía pintar bosques muy densos y siniestros, ya que decía que era un lugar perfecto para la imaginación y donde una persona corría peligro de muerte. Los bosques de Ernst están llenos de símbolos, pero al no ser tradicionales son más difíciles de analizar.

Surgió de los alemanes dadaístas; uniéndose al surrealismo, innovó un gran número de técnicas: frottage (usaba goma para componer directamente en papel).

Utilizaba la técnica de calcomanía: proceso de transferencia de impresos a dibujos y pinturas. Obras: "Pájaros sobre el bosque", "La ninfa eco", "Bosque y sol".

Joan Miró (1893): Pintor español que tomó contacto con el grupo de París surrealista. Firmó su primer manifiesto en 1924.

Tendió a una mayor estilización y al uso de unos pocos colores azul, rojo, amarillo, negro. Fue simplificando su estilo, hasta llegar a un original sistema de

Joan Miró: "Naturaleza muerta con zapato viejo", 1937.

Joan Miró: "Tierra labrada", 1923.

signos, equivalentes plásticos de la realidad y de las imágenes de su mundo interior.

Es el primer artista que se ha dado cuenta que más allá de las imágenes, hay una existencia biopsíquica que sólo se revela por medio de signos, de formas orgánicas. Obras: "El oro del azul del cielo", "Naturaleza muerta con zapato viejo", "Constelación".

Joan Miró: "La escalera para huir", 1940.

Capítulo II

La polémica entre arte y técnica

Técnica y cultura:

El diseño industrial comienza a manifestarse como problemática a partir del advenimiento de la máquina, en los comienzos del siglo XIX.

La máquina, con todas sus implicancias socioeconómicas, irrumpe en el ámbito de la cultura europea como un elemento nuevo que produce una serie de transformaciones muy profundas.

Por ese entonces, en el campo de las artes aplicadas se vivía una etapa de crisis: la arquitectura, después de transitar una larga época de estilos distintos, no encontraba una nueva forma de expresión y recurría a la revalorización de estilos pretéritos al volver a las formas clásicas. Este regreso es conocido con el nombre de neoclasicismo.

El advenimiento de la máquina y las nuevas técnicas no hizo más que profundizar esta crisis ya que el rápido desarrollo de nuevos métodos de fabricación alcanzó en poco tiempo a las obras civiles y a la arquitectura.

Como ejemplo basta citar las obras viales, industriales y ferroviarias que se resuelven particularmente en Inglaterra y en toda Europa, con la utilización casi exclusiva del hierro: viaductos, puentes, grandes estaciones de ferrocarril, etc.

Comienza a notarse una transferencia de valores de la cultura tradicional a la mecanicista, consistente en incorporar rasgos formales de aquélla a obras que lo permitían.

Esta tendencia, que se origina en la arquitectura, alcanza a los objetos de uso producidos por la industria dándoles rasgos formales de estilos pretéritos para incorporarles belleza estética.

Arts and Crafts:

A fines del siglo XIX se inicia en Inglaterra un movimiento que contribuiría a clarificar más adelante, la contradicción entre arte y técnica.

Este movimiento, que en sus comienzos no se ocupó de los productos de la industria sino de los artesanales, fue el de Arts and Crafts iniciado por William Morris (1834-1895). Consistía en lograr la coherencia constructiva formal en los productos artesanales: los rasgos formales de los productos artesanales no debían ser reglados por un estilo sino por las características propias y naturales resultantes del material empleado y sus procesos de configuración.

Los discípulos de William Morris creyeron en el futuro de la industria como componente de la cultura moderna e impulsaron a Arts and Crafts, liberándolo del prejuicio artesanal.

Deutscher Werkbund:

En los años que precedieron a la primera guerra mundial, exactamente de 1907 a 1914, el problema de la productividad industrial es abordado en Alemania en términos de racionalización y de tipificación de los objetos destinados a la producción en serie.

Se inicia entonces una etapa decisiva en la historia del diseño industrial, con el planteamiento de los principios del racionalismo: la forma de un objeto debía responder a las condiciones de uso del mismo y a la técnica empleada en su fabricación, con un criterio de economía que lo hiciera fácilmente accesible. Los aspectos formales serán propuestos desprovistos de toda referencia a cualquier estilo del pasado, rechazándose la ornamentación, haciendo uso de la síntesis y utilizando formas geométricas puras.

El racionalismo intenta afianzar los valores de una sociedad industrial; lo constructivo y lo funcional son los ejes semánticos que estructuran el diseño racional.

En 1907, **Herman Muthesius** (1861-1927), arquitecto alemán, influenciado por el movimiento Arts and Crafts de Inglaterra, funda el Deutscher Werkbund para promover ideas de vanguardia y mejorar la calidad del diseño en la arquitectura y la industria.

Esta nueva asociación tiene como finalidad, según declaran sus estatutos, "ennoblecer el trabajo industrial (o profesional o artesanal) en una colaboración entre arte, industria y artesanía, por medio de la instrucción, la propaganda y una firme y compacta toma de posición frente a estas cuestiones". En realidad, el Werkbund no resultará tan compacto como podría pensar la originaria adhesión a Muthesius. Muchos de sus miembros consideraban errado atacar globalmente a la ornamentación.

El problema, decían, no consiste tanto en rechazar el ornamento, como en sustituir el "inmoral" de los estilos tradicionales por el "moral" del estilo "moderno". Era el punto de vista que ya había sido considerado por Henry Van de Velde (1863-1957) arquitecto del art nouveau, quien había intervenido en la fundación del Werkbund. En esta defensa de la ornamentación (o por lo menos de la ornamentación considerada "moral") ya estaba contenida en forma embrionaria la posición que el propio Van de Velde, en abierta oposición con Muthesius, adoptó en el congreso del Werkbund en 1914 en Colonia. En aquella ocasión, y en nombre de la "libertad creadora del artista", Van de Velde rechazará la tesis de Muthesius sobre la racionalización y la tipificación, que acusaba cualquier forma estilística superflua.

Henry Van de Velde sostenía que el ornamento no debe tener como función decorar la forma sino estructurarla, debe ser abstracto y junto con la forma del objeto simbolizar la función. Buscaba la belleza racional, pero a través de casas y decoraciones con criterio de sobria funcionalidad del plano y la línea, lo que resulta elegante.

William Morris y Henry Van de Velde constituyeron dos de los fundamentales puntos de apoyo de los orígenes del movimiento moderno en arquitectura y artes aplicadas.

Peter Behrens: Lista de precios de ventiladores "A.E.G.", 1912.

Peter Behrens: Marca de fábrica "A.E.G.", 1908.

Peter Behrens: Poster para la "Expo Deutsche Werkbund", 1914.

Peter Behrens y la A.E.G:

La compañía general de electricidad A.E.G.-Telefunken Berlín-Frankfurt fue fundada en 1883 como "Deutsche Edison-Gesellschaft für angewandte Elektricität" (Compañía Alemana Edison para Electricidad Aplicada).

En 1909, Peter Behrens (1869-1940) arquitecto alemán, que actuaba como director de la Academia de Arte de Düsseldorf, es contratado por la empresa A.E.G. (Compañía General Eléctrica Alemana) como consultor de arte. Durante esta época Walter Gropius fue su discípulo.

Además de su trabajo en el arte de la imprenta, construyó viviendas y negocios como por ejemplo en 1924 el edificio de administración de la fábrica de pintura Hoechst, en 1912 la embajada alemana en San Petersburgo y en 1909 la fábrica de turbinas de la A.E.G., en Berlín, "el primer edificio moderno". Para esta fábrica Behrens utilizó adecuadamente modernos materiales de vidrio y acero, en una unidad industrial eficiente y perfectamente proporcionada.

Su arquitectura en el ámbito exterior e interior se distinguía por un orden y una estructura clara y constructiva.

Behrens desistía de las formas innecesarias a favor de una adecuada estructuración del tema constructivo.

Marcó nuevos rumbos en el dibujo publicitario. Su arte de unir función y estética en armonía logra un resultado único que influyó más allá de las fronteras alemanas. Este arte se manifestaba tanto en sus diseños de aparatos eléctricos como en la forma gráfica publicitaria bajo la cual se presenta la A.E.G. (diseño de prospectos, carteles y calendarios).

La obra de Peter Behrens es parte de la historia del arte entre Arte Nuevo y Werkbund. Berlín, la antigua capital del Reich, era en aquellos tiempos un amplio centro económico y espiritual que posibilitaba la armonía entre toda clase de corrientes sociológicas.

Peter Behrens llegó en 1909 a la A.E.G., allí desarrolló la marca de fábrica de la A.E.G. y la "letra cursiva de Behrens". Luego fue nombrado miembro del comité artístico de la A.E.G. En 1908 diseñó el símbolo conmemorativo para el vigésimoquinto aniversario de la compañía, el emblema de la A.E.G. en forma de alvéolo, además de lámparas de arco y los folletos correspondientes, ventiladores y un pabellón de la A.E.G. para la exposición alemana de construcción naval en Berlín.

Independientemente de estas actividades, organizó cursos de dibujo elemental en la Universidad de Berlín, desarrolló la "letra romana de Behrens" e ideó un diseño para el monumento a Bismarck en Oldenburg. Desarrolló los diseños de un calentador eléctrico, una tetera, calefacciones eléctricas, relojes eléctricos, lámparas de arco en miniatura, recipientes de plata y la marca de fábrica de la A.E.G. en forma rectangular. Escribió una enorme cantidad de composiciones y realizó varias conferencias.

La característica de la gráfica publicitaria de Behrens es el marco de línea arquitectónica: quería que sus diseños fuesen comprendidos como símbolos de la proporción, que significaba para Behrens el principio máximo de la creación. Reduciendo la variedad y el orden a su característica esencial, lograba la abstracción: "hacer publicidad por medio del arte es parte del arte publicitario y es a su vez, una prueba de habilidad artística hacer publicidad para el arte".

Behrens rechaza explícitamente la tesis de **Gottfried Semper** (1803-1879) según la cual el "nuevo estilo" de los "productos técnicos", solamente podía surgir de la función y de la materia. El ideal de Behrens consiste en poder fundir arte y técnica en una sola realidad. "La técnica -observa Behreńs- a la larga no puede considerarse como una finalidad en sí misma, sino que adquiere valor y significado cuando se la reconoce como medio más adecuado de una cultura".

Behrens murió en Berlín en 1940. La A.E.G. se fusionó con la Telefunken S.A. en 1966.

En la misma línea de Behrens, hemos de situar también a **Walter Rathenau** (1867-1922), presidente a partir de 1915 y hasta 1921 de la A.E.G., y desde 1921 hasta que fue asesinado, ministro de la República de Weimar. En sus escritos, Rathenau ejemplifica mejor que nadie el modo ambiguo con que la ideología del productivismo se presenta en Europa: avanza en una protesta para retirarla en seguida, a la vez que denuncia y celebra el productivismo.

Capítulo III

La influencia del Bauhaus

Fundación del Staatliches Bauhaus de Weimar:

El Staatliches Bauhaus de Weimar nace en 1919 por fusión de dos preexistentes instituciones: La Escuela Superior de Bellas Artes y la Escuela de Artes Aplicadas, las dos en Weimar, Alemania. Esta segunda escuela había sido fundada en 1906 por Henry Van de Velde.

A propuesta de Van de Velde, se confiará a **Walter Gropius** (1883-1969) el cargo de director del Bauhaus que ostentará hasta 1928.

Este arquitecto alemán, desempeña un papel muy importante en la arquitectura y participa de todos los debates y movimientos, desde antes de la primera guerra mundial.

Gropius sostenía que "uniendo la enseñanza artesanal a la industrial y artística podía lograrse el artista completo capaz de dominar todos los sectores de la producción".

Las oficinas "Fagus" (1911) son su primer obra y marcan una nueva etapa en la historia de la arquitectura moderna. Las formas estructurales han sido liberadas de toda intención psicológica y sentimental, aún dominantes en el ámbito del "art nouveau" y hasta en la obra de Behrens, maestro de Gropius.

El edificio Bauhaus diseñado por Gropius, es la primer gran obra maestra de la arquitectura moderna, está concebida en tres áreas: escuela propiamente dicha, los talleres y dormitorios para estudiantes, sin dejar de estar vinculadas para formar un todo arquitectónico.

El Bauhaus: ideas básicas de su generación:

En Alemania la política, economía y cultura después de la derrota de la primera guerra mundial estaban en crisis. El gobierno del Kaiser terminó y comienza a manifestarse una propuesta para construir un nuevo orden social, en todos los aspectos de la vida.

El Bauhaus realiza un manifiesto que se publicó en los diarios alemanes, estableciendo la filosofía de la nueva escuela. Sostenía que la construcción como totalidad era la principal mira de los artistas.

Anteriormente la función del artista era embellecer las construcciones como componente indispensable de la arquitectura. Ahora las artes existen aisladamente: arquitectos, pintores y escultores tienen que ver a los caracteres compositivos como una entidad o unidad.

La actividad del Bauhaus se centraba principalmente en conseguir una síntesis entre arte y artesanía y en convertir al artista en un técnico proyectista. Buscaba la unidad del arte y la tecnología para solucionar problemas de diseño visual creados por el industrialismo.

La historia del Bauhaus suele dividirse en tres períodos, que corresponden a las tres ciudades en que tuvo su sede: Weimar (1919-1924), Dessau (1925-1930) y Berlín (1930-1933).

Weimar (1919-1924)

En estos años del Bauhaus, se pretendía crear una nueva sociedad, un hombre de diseño integral que hiciera arte y técnica. Grupos de artistas, artesanos y técnicos formaban el Bauhaus. Para sus trabajos utilizaban materiales tales como vidrios de color, madera y metal.

Avanzadas ideas de forma, color y espacio fueron integradas en el vocabulario de diseño cuando los pintores **Paul Klee** (1879-1940) y **Wassily Kandinsky** se unen al grupo en 1920 y 1922 respectivamente. Klee asimiló el arte visual mediante trabajos sobre esculturas primitivas, Kandinsky creía en los valores autónomos y espirituales del color y la forma, sin usar en sus pinturas elementos o motivos representativos.

En cuanto a la educación en el Bauhaus, su principal elemento fue el curso fundamental, inicialmente establecido por **Johannes Itten** (1888-1967). Este último, junto a Kandinsky fueron los iniciadores de esta primera etapa de decantación.

Itten debía descubrir las habilidades creativas de cada estudiante, comprender la naturaleza física de los materiales y enseñar los principios fundamentales del diseño en todas las artes visuales. Puso énfasis en los contrastes visuales y su postura artística era de un purismo absoluto.

Según la metodología de Itten, en la experiencia directa se gana en percepción, se descubren habilidades intelectuales y experiencias emocionales.

Sobre la naturaleza de las ideas profesadas por Itten, disponemos de muchos testimonios directos. Itten cuenta que había llegado a una actitud de rechazo global de la civilización técnico-científico y a un interés creciente por las doctrinas y por las prácticas místicas orientales.

Pero Gropius consideraba el misticismo de Itten como de otro mundo, pudiendo ser un peligro para los estilos del pasado y el gusto personal.

En 1923, después de un período de turbulentos contrastes personales con Gropius, Itten dejará definitivamente el Bauhaus.

El Bauhaus atraviesa entonces un período de crisis con respecto a las ideas que se había adherido desde su fundación, pasa a desarrollar el interés por el medievalismo, expresionismo y los oficios manuales, a poner mayor énfasis en el racionalismo y el diseño para maquinarias.

Entre los que además de Gropius, han contribuído al siguiente proceso de clasificación y renovación radical del Bauhaus, existe una personalidad clave **Theo Van Doesburg**, director de la revista holandesa De Stijl, pintor, arquitecto, escultor, gráfico, escritor y poeta.

Van Doesburg abandona Holanda y viene a instalarse a Weimar, pero sin conseguir llegar a enseñar en el Bauhaus. Gropius solamente le había formulado una cortés invitación para que fuese a Weimar a ver los trabajos de la escuela.

A pesar de ello, Van Doesburg ejerce su influencia en el Bauhaus a través de sus conferencias y lecciones sobre el movimiento De Stijl, que tienen lugar

Laszlo Moholy - Nagy: Poster para neumáticos, 1923.

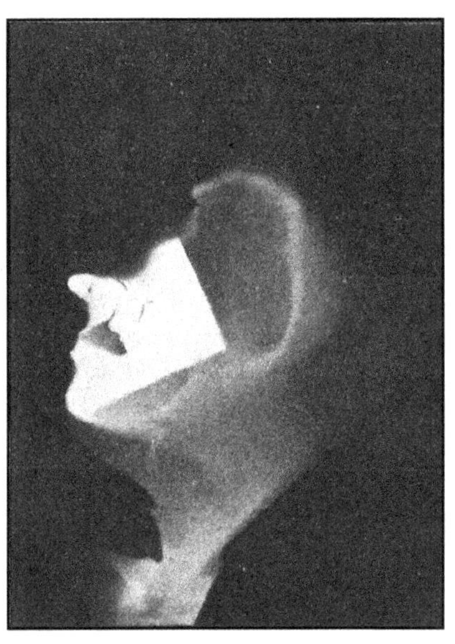

Laszlo Moholy - Nagy: Autorretrato, 1924

Oscar Schlemmer: Sello del "Bauhaus", 1922.

Herbert Bayer: Tapa de la revista del "Bauhaus", 1928.

en su casa, muy frecuentada por la mayoría de los alumnos de la escuela.

Denuncia el anacronismo de la ideología expresionista dominante en el Bauhaus y ataca ásperamente las ideas de Itten.

También es muy explícito respecto a Gropius, define como absurdo e inconcebible que el arquitecto de una de las primeras obras de arquitectura racionalista (las oficinas "Fagus") esté al frente de una corporación expresionista como el Bauhaus.

A la estética dominante en el Bauhaus de entonces, que exaltaba el artesanado y el expresionismo irracional, Van Doesburg contrapone la estética De Stijl, que celebra la máquina y el control racional del proceso creativo. Proclama la conocida morfología De Stijl: formas puras y colores fundamentales.

La morfología de Stijl venía a facilitar el cambio del Bauhaus hacia el racionalismo.

Las áreas de diseño de muebles y tipografía fueron especialmente influenciados por De Stijl.

En 1923 el Bauhaus realiza una exposición que produjo el reconocimiento internacional.

El movimiento romántico, el medievalismo y el expresionismo fueron reemplazados por el diseño aplicado. Poniendo énfasis a este último punto, Gropius cambió el lema "Una unidad de arte y oficio manual" por "Arte y tecnología, una nueva unidad".

Dessau (1925-1932)

En 1925 Itten es reemplazado como cabeza fundamental del curso por el joven constructivista húngaro **Laszlo Moholy-Nagy**.

Moholy-Nagy exploró la pintura, la fotografía, el film, la escultura y el diseño gráfico. Pero las tensiones entre el Bauhaus y el gobierno, que existían desde el principio, se intensificaron cuando un nuevo y más conservador gobierno asumió el poder, y trató de imponer condiciones inaceptables al Bauhaus.

En diciembre de 1924 el director y los jefes firmaron una carta de renuncia para abril de 1925, cuando los contratos vencieron. Los alumnos también enviaron una carta al gobierno informando que ellos se irían con los maestros.

Gropius llegó a un acuerdo con las autoridades de Dessau y se construyó un nuevo edificio. Algunos de los equipos se trasladaron de Weimar a Dessau, lo mismo que los alumnos, e inmediatamente comenzaron a trabajar.

Durante el período de Dessau (1925-1932) las actividades y filosofía del Bauhaus fueron muy fructíferas.

El sostenimiento de De Stijl y del constructivismo era notorio, pero el Bauhaus no copió estos movimientos. Tenía sus principios formales con los que podían resolver los problemas de diseño.

Muchas ideas del Bauhaus impactaron en la vida y en el diseño del siglo XX específicamente en el diseño de productos, muebles, arquitectura funcionalista y tipografía.

Se desarolló la gráfica y había una nueva postura con respecto a la arquitectura: era progresista, rebelde y vanguardista.

En 1926 el Bauhaus se tituló "Alta Escuela para la formación" y la revista del

Herbert Bayer: Diseño de tapa del 1er libro del "Bauhaus", 1923.

Bauhaus comenzó a publicarse. Fue muy importante por las ideas avanzadas sobre teoría del arte y su aplicación en arquitectura y diseño. Se publicaron trece libros; Klee, Moholy-Nagy, Gropius y Mondrian fueron sus editores.

Marcel Breuer (1902) era la cabeza del área de diseño industrial. Inventó los muebles de acero tubular.

Herbert Bayer (1900) que había sido alumno del Bauhaus, comenzó a hacerse cargo del área de diseño gráfico y a enseñar la nueva tipografía. Bayer diseñó una tipografía universal que redujo el alfabeto a formas claras, simples y racionales (tipografía sans-serif).

Utilizaba barras y puntos para subdividir el espacio, para unificar elementos diversos o para que lo importante se destacara.

En 1925, en vez de utilizar las mayúsculas y minúsculas del alfabeto, omitió las letras capitales. Usaba formas elementales y el negro como tono puro y brillante. Composiciones abiertas y un sistema de tamaños para la tipografía, imágenes pictóricas que cobraban unidad en los diseños, composiciones dinámicas con fuertes horizontales y verticales caracterizaron el período de Bayer en el Bauhaus. Tuvo a su cargo la cátedra de logotipos y publicidad.

Berlín (1930-1933)

En febrero de 1928 Gropius presenta su dimisión del Bauhaus, para retornar a la práctica privada de la arquitectura. Con él se marchan Moholy-Nagy y Herbert Bayer. A propuesta de Gropius, es nombrado director **Hannes Meyer** (1889-1954), que un año antes se había hecho cargo de la responsabilidad de la nueva sección de arquitectura.

De esta manera se cierra una fase y comienza otra.

La concepción de Meyer es de un funcionalismo basado fundamentalmente en la exaltación del productivismo, del antiesteticismo, del realismo, del colectivismo, y del materialismo.

Es una posición anti-arte, cuya impronta no es dadaísta, sino probablemente constructivista rusa.

Meyer tenía fuertes ideas socialistas e introduce la problemática de la política en el diseño.

Apenas asumida su función de director, la actitud de Meyer es de clara oposición a las tesis sostenidas por su predecesor, principalmente a aquella relativa a la unidad entre arte y técnica.

También repudiaba el estilo Bauhaus, que, según Meyer, no era otra cosa que formalismo.

En 1930, conflictos con las autoridades municipales forzaron la renuncia de Meyer.

De 1930 a 1933, **Mies Van Der Rohe** (1886-1969) asumirá la dirección del Bauhaus, en sustitución de Meyer. Van der Rohe era un prominente arquitecto de Berlín, cuyo lema de diseño era "menos es más".

Este período, de 1930 a 1933, es muy escaso en cuanto a contribuciones teóricas y prácticas de diseño industrial y gráfico.

En 1931 los nazis dominaron el concejo de la ciudad de Dessau y cancelaron los contratos del Bauhaus para 1932. Van der Rohe intentó trasladar el

Herbert Bayer. Poster para exhibición, 1926

Walter Gropius: Edificio del "Bauhaus en Dessau", 1925.

Bauhaus a una fábrica vacía de teléfonos en Berlín, pero los nazis continuaron inflexibles. El 10 de agosto se clausura definitivamente el Bauhaus.

La persecución de los nazis provocó que los facultativos miembros del Bauhaus se unieran a los intelectuales y artistas que se fueron a América.

En 1937 Gropius y Marcel Breuer enseñaban arquitectura en la Universidad de Harvard, y Moholy-Nagy estableció la nueva Bauhaus.

Un año después, Herbert Bayer comenzó la fase americana de su carrera de diseño. Todo esto tuvo repercusión en el diseño americano después de la segunda guerra mundial.

Los europeos, radicados en EE.UU. crearon un moderno y viable estilo de diseño que influenció en la arquitectura, en el diseño de productos y en las comunicaciones visuales.

Se mejoró la educación visual y enseñando con metodología se contribuyó a la teoría visual.

Moholy-Nagy: "La nueva visión":

Moholy-Nagy experimentó con nuevas técnicas y nuevos materiales como fotomontajes, fotogramas, y formas visuales incluyendo movimiento cinético, luces y transparencias.

Su presencia tuvo una marcada influencia en la evolución de la filosofía del Bauhaus, y se convirtió en el primer ministro de Gropius cuando éste quería una nueva unidad de arte y la tecnología.

Moholy-Nagy tenía pasión por la tipografía y la fotografía, e inspiró en el Bauhaus el interés por las comunicaciones visuales. Realizó importantes experimentos con la unificación entre la tipografía y la fotografía, como por ejemplo en su poster para neumáticos, de 1923, donde integra formas de letras, fotografía y otros elementos de diseño. Descubrió la gran influencia del diseño de posters, que necesitaban comunicación inmediata. Utilizó para ello técnicas de alargamiento, distorsión, doble exposición y montaje.

Experimentó con fotogramas: proyectaba luz o sombra directamente sobre papel sensible, y los distintos tonos de grises, forman la significación visual de la imagen (Autorretrato, 1924).

En tipografía utilizó grandes contrastes e impulsó el uso del color. Usaba todas las formas de tipos de letras, variados tamaños y formas geométricas.

Utilizaba las líneas, la tipografía y los mesurados espacios en composiciones asimétricas para obtener como resultado claridad en la comunicación y armonía de formas.

Gropius y Moholy-Nagy colaboraron como editores para el "Staatliches Bauhaus in Weimar" (1919-1923), la primera publicación del Bauhaus. La cubierta de esta publicación del Bauhaus fue diseñada por Herbert Bayer, en ese momento estudiante del Bauhaus.

"La Nueva Visión", de Moholy-Nagy, fue escrita para difundir entre artistas y profanos el principio básico de la educación del Bauhaus: la fusión de la teoría y la práctica en el diseño.

Incluye una reseña de la labor del curso fundamental, ya que se consideraba parte esencial del proceso de aprendizaje: en él se pone a prueba la capacidad del estudiante, teniendo su primer contacto con el tipo de trabajo que en el futuro constituirá su especialización.

"La Nueva Visión" tiene como objetivo la educación de los que se hallan fuera de la órbita de acción del instituto, para que el público comprenda y colabore en la labor de los diseñadores.

El diseño del mueble. Gráfica y Arquitectura:

En el campo del diseño de muebles, una primera e importante contribución del Bauhaus está constituída por la silla "Wassily" de acero tubular curvado y niquelado (1925), desarrollada privadamente (es decir, fuera de los talleres del Bauhaus) por Marcel Breuer.

A partir de este momento, surge en el Bauhaus la obsesión por hallar para las sillas soluciones constructivas de tipo lineal cada vez más nuevas.

Con este espíritu Breuer diseña otras sillas de acero tubular curvado. Mies Van der Rohe aporta también soluciones ejemplares. Gran parte de estos modelos serán producidos a partir de 1927 por la firma Thonet.

La influencia de De Stijl no se deja sentir solamente en el terreno de las opciones formales abstractas, sino también en el muy concreto de la proyectación de objetos. Los muebles y el grafismo Bauhaus están inspirados directamente por los arquetipos precedentes de De Stijl.

Ya no caben dudas de que la silla de Breuer se inspiró directamente en la de Dietveld, de 1919 publicada en la revista De Stijl de los años 1920-1922.

No menos evidente es la influencia de De Stijl en el grafismo y en los proyectos de instalaciones para exposiciones: basta recordar los stands y quioscos de Herbert Bayer (1924).

En dos años, de 1926 a 1928, el Bauhaus logró resultados superiores a los obtenidos por otras escuelas de arquitectura en dos décadas. Para entender al Bauhaus y a la arquitectura funcionalista en general, es necesario aprender su concepto de libertad, así como su ideal de orden.

Bauhaus se convirtió en el sinónimo de diseño moderno. El edificio Bauhaus de Dessau fue proyectado por Gropius: no sólo era una sede práctica para las actividades, sino también manifestaba la nueva imagen del entorno arquitectónico del hombre. Funcionalmente constaba de tres partes: la escuela propiamente dicha, los talleres y el dormitorio para estudiantes. Cada una de estas partes ocupaba un ala del edificio, que evidenciaba el típico deseo de diferenciación funcional y que al mismo tiempo posibilitaba la relación activa entre el edificio y el ambiente circundante. Los talleres tenían un muro envolvente de vidrio, creando un efecto de transparencias y reflejos. Gropius decía que "la hueca ficción de la simetría axial está cediendo ante el equilibrio rítmico vital del agrupamiento asimétrico libre", sintetizando así su concepción del diseño arquitectónico.

El teatro en el Bauhaus:

La formación totalizadora y el alcance de nuevas formas por medio de las tendencias artísticas y artesanales del Bauhaus, también se extendió al teatro.

La escena del Bauhaus se limitaba en un comienzo al juego mudo de la danza y la pantomima. La palabra se incorporó más tarde, así como también el sonido musical. Se concibe un teatro en base a innovaciones en el campo de la óptica, la mecánica y la acústica. Los estudiantes ideaban y construían los objetos que utilizarían en la escena, lo hacían como un juego.

Según Gropius "en su origen el teatro ha nacido de una nostalgia metafísica. Sirve para la realización de una idea abstracta".

Uno de los precursores notables y creador fundamental de la escena bauhasiana fue **Oskar Schlemmer** quien se dedicó al estudio de la línea, la forma, el color, el hombre y el espacio.

La escena, según Schlemmer, es un dominio que se encuentra ubicado entre el culto religioso y la diversión popular ingenua.

Diseñó el sello del Bauhaus, en 1922. Este signo muestra cómo el diseño gráfico puede expresar ideas, pues se evidencia un estilo geométrico y un diseño para la producción masiva, conceptos que en ese momento estaban emergiendo en el Bauhaus.

Walter Gropius: Carrocería de un automóvil "Adler", 1931.

Capítulo IV

La gráfica entre las dos guerras

El cambio en la arquitectura y la ciudad:

El progreso técnico, las nuevas necesidades sociales, el influjo de los movimientos pictóricos y escultóricos de vanguardia son las principales causas de la profunda renovación de la arquitectura durante el siglo XX. Nace la preocupación de integrar la gráfica a la arquitectura. Las causas en general son múltiples: el empleo de nuevos materiales obtenidos gracias al progreso de la técnica tales como estructuras metálicas o las amplias superficies cubiertas de vidrio para aumentar la iluminación de los interiores.

Existen nuevos problemas a resolver: desde la construcción de una fábrica hasta la de un edificio para oficinas o el pabellón para una exposición.

En los comienzos del siglo XX interesan al arquitecto las soluciones funcionales y racionales (desde Richardson hasta los integrantes de la escuela de Chicago y en Europa de Van de Velde a Mackintosh). El ritmo más complejo y dinámico de la vida, especialmente en las grandes ciudades, exige soluciones urbanísticas inéditas. Subsisten también sectores con herencia del siglo XX con manifestaciones neoclásicas o neogóticas.

A pesar de que los fines estéticos, en la arquitectura moderna son sacrificados a los fines prácticos, algunos arquitectos como Wright, Gropius, Le Corbusier, Mies Van der Rohe y ampliando el concepto Neutra, Aalto, Oud, Dudobe, Mendelsohn, Nervi han logrado una elegancia formal convirtiéndose sus trabajos en obras de arte.

El hormigón armado, empleado en Francia por primera vez por Perret en 1902, es el gran descubrimiento del siglo. Si el repentino y rápido crecimiento de las ciudades ha determinado nuevos trazados urbanos más prácticos y racionales (son ejemplares la urbanización de Amsterdam y Rotterdam), y si el desarrollo industrial ha llevado a la construcción de edificios inspirados con criterios funcionales, sin duda, intervienen también para determinar las características de la arquitectura moderna otros elementos. Corrientes artísticas influyen en esto: el cubismo, determinando formas severamente geométricas y esenciales, el futurismo estimulando la idea de ciudad nueva, que responde al dinamismo de la civilización mecánica (proyectos de Sant'Elía) el expresionismo: en obras de Mendelsohn cuyos edificios parecen animados de impestuosas fuerzas irracionales, el neoplasticismo con Mondrian, Van Doesburg y Oud donde la línea recta es respetada rigurosamente en las construcciones con cuerpos entrantes y salientes.

Resumiento las características más generales de la arquitectura racionalista son:

Piet Mondrian: "Composición en rojo, amarillo y azul", 1939.

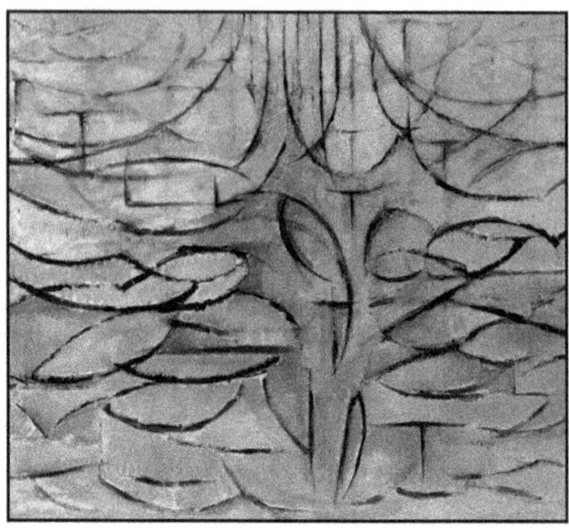

Piet Mondrian: "Manzano en flor", 1912.

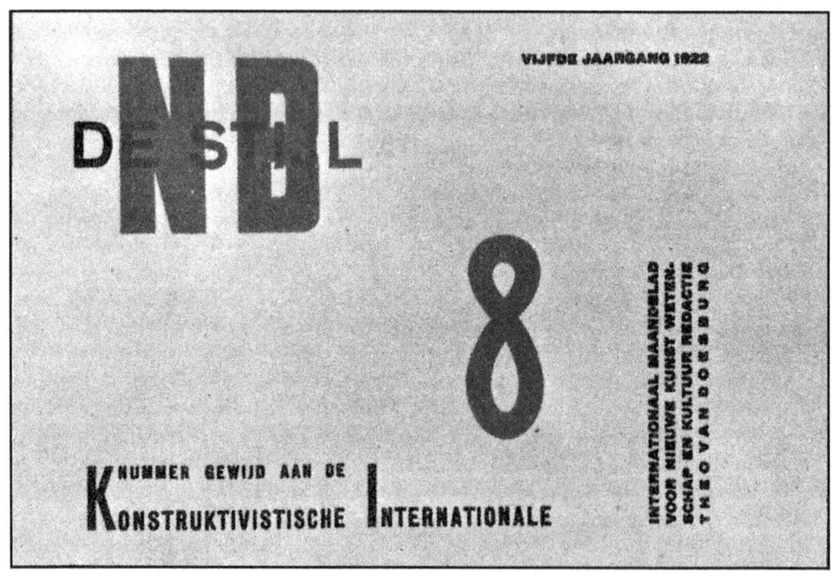

Theo Van Doesburg: Tapa para la revista "De Stijl", 1922.

J.J.P. Oud: Fachada del "Café de la Unión", Rotterdam, 1925.

1.- Adopción de estructuras de acero y hormigón armado de cristal, la ausencia de ornamentación.
2.- Una estrecha relación entre forma y función.
3.- El empleo de las nuevas técnicas.
4.- La intención social de Alemania, está a la vanguardia de la arquitectura moderna en los primeros treinta años del siglo XX, también en Holanda y Francia. Italia padece de impedimentos de tipo político. En EEUU prevalece la construcción vertical (Nueva York, Chicago, Filadelfia) en contraste con las obras de Frank Lloyd Wright.

Tres grupos de artistas surgidos a raíz de la primera guerra mundial influirían decisivamente en la arquitectura posterior a la primera guerra: Constructivismo, De Stijl y Bauhaus, ya tratado anteriormente.

El constructivismo renunciaba a la estética de masa reemplazándola por la estética de líneas y planos. Afectaba a todas las artes plásticas pero sobre todo a la escultura. La plástica interpretada como integración de varios elementos corresponde sistemáticamente a las construcciones de la arquitectura. En la arquitectura el constructivismo puede ser considerado como una parte del funcionalismo que abandonó la decoración ciñéndose a la construcción y en el que el efecto estético viene dado por la relación masa-espacio.

El grupo holandés **De Stijl** formado por pintores, arquitectos, escultores y diseñadores industriales, que editaban la revista del mismo nombre, se formó en 1917.

El "dar forma", principio del Stijl, estaba dominado por el neoplasticismo de **Mondrian** y **Van Doesburg** y significaba la total ruptura con la tradición. En la arquitectura predomina la línea recta y aunque la base del edificio es el cubo, las paredes interiores de separación se prolongan en el exterior, rehusándose toda delimitación de las fachadas interiores, posteriores y laterales. Los colores primarios debían cubrir toda la diversidad de formas, junto con el blanco, negro y gris que otorgaban contrastes, toda combinación de color pasaba por sucia. El cuerpo del edificio es abierto, está articulado por la forma y diferenciado por el color.

Ejemplos de la arquitectura del Stijl: café De Unie, en Rotterdam, construido por **Johannes Jacobus Oud** (1890-1963) en 1922 y destruído en el bombardeo de 1940, y la casa Schöder, proyecto del arquitecto Rietveld en 1924.

Johannes Jacobus Oud fue un pionero de la arquitectura holandesa, relacionado con el movimiento De Stijl ya que participó en la revista editada por Theo Van Doesburg. En sus casas colectivas de Rotterdam desarrolla un lenguaje que no rehuye la luz.

Se identifica con el noeplasticismo y su sentido práctico lo condujo a una disputa con el teorizante Van Doesburg. Sus primeras viviendas con terraza se cuentan entre las mejores de su período. Fue autor de obras tan interesantes como el ya mencionado café De Unie (1922) y la iglesia de KieFhock en Rotterdam (1925-1929).

Los pabellones y las exposiciones:

Erik Asplund (1885-1940) fue un arquitecto sueco, uno de los principales exponentes del funcionalismo del Norte europeo. A patir de una primera forma clásica, su estilo evolucionó hacia el funcionalismo abstracto, cuyo primer efecto se hizo sentir en el público sueco durante la exposición de Estocolmo de 1930, de la cual fue el arquitecto principal. En ella se dispuso una zona en un estilo uniforme, de modo que la arquitectura moderna pudiera apreciarse como algo apropiado para vivir.

Entre sus principales construcciones se hallan el cine Skandia (1923), la biblioteca (1927) y el crematorio Skogstyrkogard (1940) de Estocolmo. Este último constituye la culminación de la evolución de su autor, edificio en el cual el ritmo abstracto de sus líneas imita las formas del ambiente circundante.

El Pabellón de Barcelona de M. Van der Rohe: con el pabellón alemán en la Exposición Internacional de Barcelona, de 1929, Mies consiguió una de las obras maestras de la arquitectura moderna.

Los tabiques de travertino delimitaban el espacio cubierto o sobresalían del mismo. El agrupamiento en ángulo recto, asimétrico, de estas paredes ordenaba ligera y claramente el espacio, sin interrumpir, no obstante, la circulación. Completaban la obra dos estanques: el mayor de ellos en terraza abierta y el pequeño dispuesto en ángulo recto con respecto al primero, pero al otro extremo del pabellón. El estanque menor estaba en una especie de patio formado por paredes proyectadas más allá de la parte cubierta. En él se exponía una escultura de Georg Kolche. El pabellón contenía unos pocos muebles diseñados por el propio Mies. En él se expuso la silla Barcelona, el más importante hallazgo en el diseño de muebles de Mies al final de los años veinte.

Pese a que esa modesta construcción llamara relativamente poco la atención durante el breve lapso de su existencia, resultó gracias a fotografías y publicaciones una de las obras más influyentes de nuestro siglo.

En la Exposición Internacional del Arte Decorativo (París 1925) el **Pabellón de l'Esprit Nouveau** de Le Corbusier exhibió la nueva casa y su legítima organización, realizada con los nuevos materiales. Le Corbusier presentó en proyecto el "plan visión" que aspiraba a sanear el caos edilicio de París.

Con este pabellón, que se convirtió en piedra fundamental del desarrollo de la arquitectura moderna, clausuró la revista su memorable existencia.

Ian Tschichold y la nueva tipografía:

Aunque muchas de las innovaciones creativas de las primeras décadas del siglo XX fueron resultado de movimientos de arte moderno, varios diseñadores trabajaron independientemente de estos movimientos y del Bauhaus, haciendo significativos aportes en lo que fue llamado "La nueva tipografía".

Ian Tschichold (1904-1947) desarrolló las teorías sobre la aplicación de ideas constructivistas a la tipografía. De joven asimiló los lineamientos racionalistas del Bauhaus y del Constructivismo ruso, volcándolos a sus trabajos. Llegó a ser un excelente práctico de la tipografía.

En 1931 fue profesor de la Escuela de Impresión de Munich. Su libro titulado "Die Neue typographie" (La nueva tipografía) ha servido de guía a varias generaciones de tipógrafos. En dicho libro volcó sus nuevas ideas. La nueva tipografía rechaza la decoración en favor de un diseño racional pensado para la

Mies Van der Rohe: Vista interior del pabellón Alemán de la "Exposición Internacional de Barcelona", 1929.

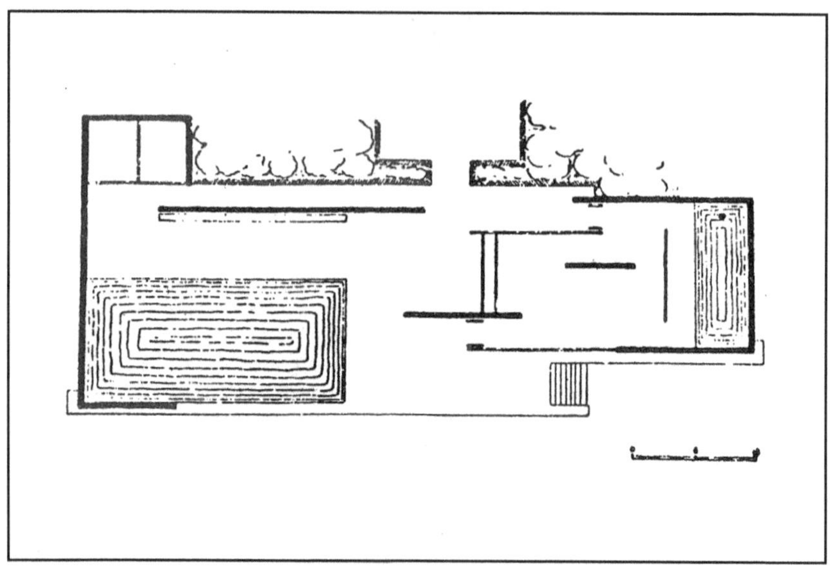

Mies Van der Rohe: Planta del pabellón Alemán de la "Exposición Internacional de Barcelona", 1929.

Mies Van der Rohe: Vistas exteriores del pabellón Alemán de la "Exposición Internacional de Barcelona", 1929.

Le Corbusier. Pabellón de "L'Esprit Nouveau", 1925

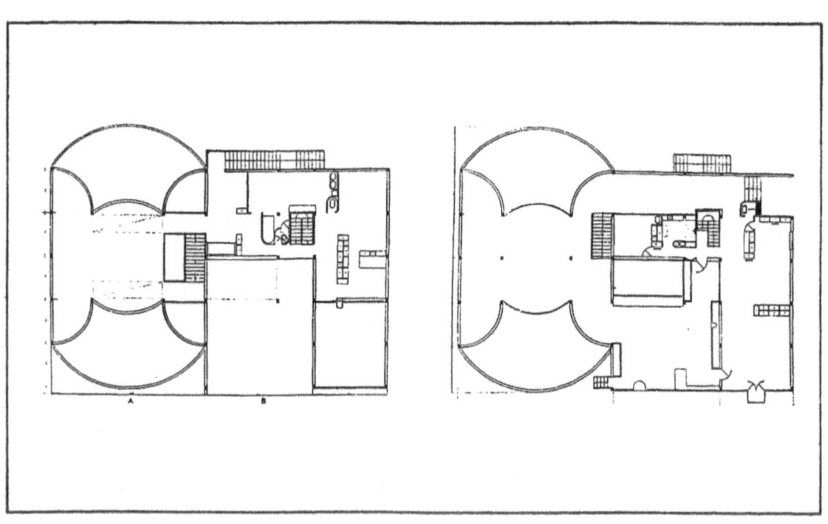

Le Corbusier: Plantas pabellón de "L'Esprit Nouveau", 1925.

Le Corbusier: Pabellón de "L'Esprit Nouveau", 1925.

Erik Asplund: "Pabellón de Estocolmo", 1930.

función de comunicar. Pero funcionalismo no es sinónimo de nueva tipografía.

Tschichold sentía que la organización simétrica era artificial porque las formas puras estaban antes que el significado de las palabras. Por contraste, la dinámica asimetría de un diseño de elementos contrastantes, expresaban la nueva era de la máquina.

Las sans serif y sus variables de peso (light, bold) y de medidas (condensada, normal, expandida) fueron declaradas "las letras modernas". Los diseños se construían en base a grillas geométricas, filetes, barras y la caja tipográfica era usada como estructura y balance, la precisión y objetividad de las fotos eran usadas en lugar de las ilustraciones.

Tschichold hace una apología de la letra "sans serif" en su libro "La tipografía asimétrica", escrito en 1930. Es notable el manejo de los blancos, revolución anticipada por Bayer. El poster de 1924 para un editor es uno de los primeros intentos de Tschichold de aplicar los principios de los movimientos modernos.

En 1933 fue acusado por los nazis de ser "cultural Bolshevik" y de crear una tipografía antigermana. Emigró con su familia a Suiza. Durante los años '30 comenzó a utilizar tipografías romanas y egipcias en sus diseños.

La nueva tipografía había sido una reacción contra el caos y la anarquía de la tipografía en la Alemania de 1923 y Tschichold sentía que ya no podía alcanzar más desarrollo. Dicha tipografía era apropiada para los productos industriales y para la comunicación visual acerca de pintura contemporánea y arquitectura. Sin embargo, para un libro de poesías barrocas no era correcta. Leer textos con letras "sans serif" eran, según Tschichold, una "genuina tortura".

Luego de la guerra, viaja a Inglaterra donde trabaja como tipógrafo para "Penguin Books" en Londres de 1947 a 1949. Allí, Tschichold cambia por un retorno al clasicismo, utilizando la tipografía Garamond y Bodoni. Analizando su obra se autocritica: considera que su nueva gráfica (sans serif) es producto del orden alemán, careciendo de romanticismo. Las series "The Penguin Shakespeare "(1950) representan la filosofía de Tschichold: el diseño gráfico representa la totalidad de la historia del diseño al crear soluciones que expresen el contenido.

Continuó diseñando y escribiendo en Suiza hasta que muere en 1972. Tschichold había visto a la nueva tipografía como un medio para alcanzar la claridad y simplificación brindando así expresión a la tipografía del siglo XX.

Una numerosa cantidad de alfabetos sans serif construídos geométricamente fueron diseñados en Alemania durante los años '20. El mayor éxito es la serie Futura, que consta de quince alfabetos (incluídos cuatro itálicas) diseñados por **Paul Renner** (1878-1956).

Las geométricas letras "sans serif" diseñadas por la escuela alemana del Bauhaus tuvieron mucha influencia en este diseño tipográfico.

Renner sostenía que cada generación debe tratar de solucionar problemas que ha heredado pero creando una forma verdadera de su tiempo.

Otros diseñadores que realizaron alfabetos fueron: Herman Zapf (1918): Palatino, Melior, Optima; Stanley Morison: Times, New Roman; Edward Johnston: Diseños para London Underground; Eric Gill (1882-1940): Gill Sans Serif.

Poster para el film "Die Hose", 1927.

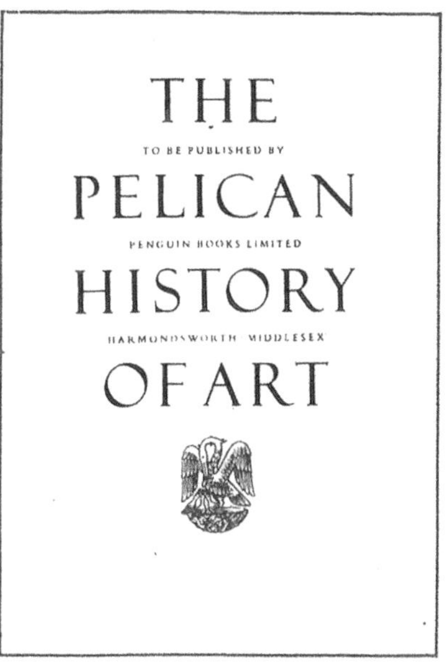

Ian Tschichold: Cubierta folleto, 1947.

Ian Tschichold: Cubierta para un libro de bolsillo, 1950.

Piet Zwart: Logo personal, 1927.

Los seguidores de Renner y Tschichold:

Piet Zwart (1885-1977), diseñador holandés, creó una síntesis de dos corrientes aparentemente contradictorias: el dadaísmo y De Stijl, aunque no se unió a este último movimiento por ser muy dogmático. N.V. Drukereitrio, es un folleto en el que se percibe esta dualidad de estilos: los colores primarios de De Stijl y la casualidad de las composiciones dadaístas combinadas por Zwart demuestran que este impreso tiene una gran variedad de estilos de tipografía y de medidas.

En sus proyectos de diseño de interiores se inclina hacia el funcionalismo y la claridad de las formas. Diseñaba al espacio como una "tierra de tensión", dándole vida a través de composiciones rítmicas, fuertes contrastes de medidas y pesos, y una dinámica entre el negro de las figuras y el blanco de las páginas. En el aviso N.K.F. de 1931 utiliza tipografía en diagonal y rayas iniciando la moda "raya y letra" de 1970.

Rompió con la tradición, dando una nueva apariencia a los materiales. Era importante para Zwart que la tipografía esté en armonía con su área y con los métodos de producción.

La función del tiempo, desde la perspectiva del lector fue un factor considerado por Zwart. Breves slogans con grandes letras en negro y en líneas diagonales eran usadas para atrapar al lector, decidiendo éste si leería o no.

Las actividades de Zwart incluían fotografía, diseño de productos, diseño de interiores y docencia. Se llamó a sí mismo Typotekt expresando así el hecho de ser un arquitecto dedicado a la tipografía. Al igual que El Lissitzky, Bayer y Tschichold, construía sus diseños a partir del material de la caja de tipos.

Otro diseñador holandés **Henrik Werkman** (1882-1945) experimentó con tipos de letras y tintas. Usó tipos, tintas de impresión, rodillos y una pequeña prensa.

Werkman realizó la publicación, en 1923, de "The Next Call" una pequeña revista de tipografía donde también se encontraban sus experimentos. En tributo a Lenin aparece en esta publicación un trabajo donde solemnes totems compuestos de M y O sugieren un silencio doliente.

Compuso tipos de madera y bloques de madera directamente en la prensa. Su proceso de construir un diseño con materiales ya hechos puede ser comparado con el de los dadaístas (fotomontaje).

Werkman colabora con el grupo De Stijl aplicando las nuevas técnicas de impresión en sus trabajos de tipografía. Fue fusilado por los alemanes por su gráfica Underground.

Viking Eggeling (1880-1925) realizó importantes aportes de cinética. Era un pintor sueco, pionero del cine de vanguardia.

En 1915, se trasladó a Suiza y se unió al movimiento dadaísta. En Alemania, Eggeling y H. Richter experimentaron con tiras de pintura abstracta que sirvieron de base para la "Sinfonía diagonal", una de las primeras películas abstractas.

Este grupo racionalista (Werkman, Zwart, Eggeling) se contrapone al de Cassandre y sus seguidores, cuya representación creativa es más artística.

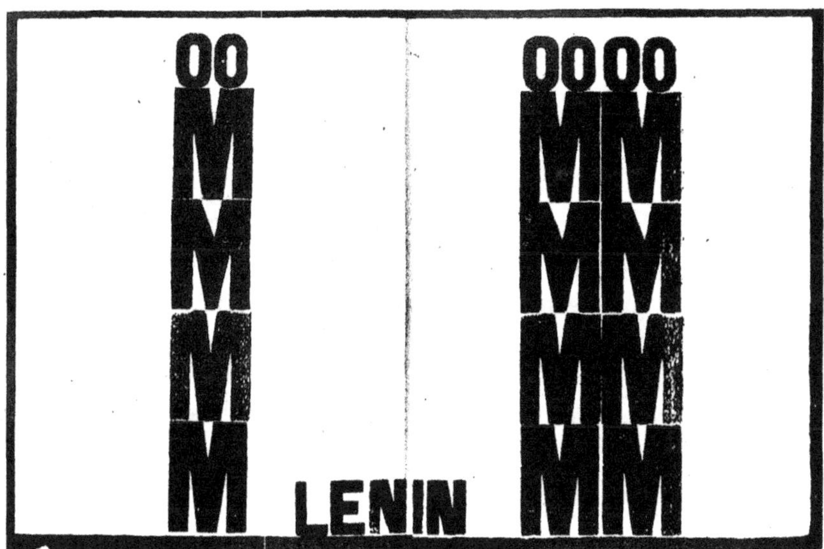

Henrik Werkman: Páginas para la revista "The Next Call", 1924.

Henrik Werkman: Páginas para la revista "The Next Call", 1924.

Gráfica entre las dos guerras:

Después de la Primera Guerra Mundial, EEUU y las naciones europeas abandonaron las armas para atender sus necesidades pacíficas. Era muy alta la fe en las máquinas y en la tecnología, transmitiéndose al arte y al diseño.

El pensamiento de Leger sobre la mecánica, las máquinas y las formas industriales llegó a ser un importante recurso de diseño. Las ideas cubistas sobre la organización espacial y la síntesis de las imágenes también inspiraron una nueva dirección en la gráfica. Entre los gráficos que incorporaron al cubismo directamente en sus trabajos se destacan: **Mc Knight Kauffer** (norteamericano radicado en Londres) y **Jean Marie Mouron** (A.M. Cassandre, ruso, radicado en París).

El término Art Decó, que se le atribuyó al estilo geométrico de los '20, es una expresión de la estética general de la década, no de un movimiento artístico. Las influencias del cubismo, el Bauhaus y Viena se compenetraron con las de De Stijl, Suprematismo y con el gusto por lo egipcio y azteca. Así como el Art Nouveau fue el estilo de fines de siglo, el Art Decó fue el estilo dominante entre las dos guerras. Los deseos simultáneos de la era moderna de la máquina eran lo moderno, aerodinámico, zig-zag y la geometría decorativa. Al mismo tiempo, subsistía la pasión por la decoración. Había apasionamiento también por las máquinas, que cargaban de optimismo al progreso humano.

A.M. Cassandre (1901-1968) era hijo de madre rusa y de padre francés. Nació en Ucrania y emigró a París a los catorce años. Estudió en la "Ecole des Beaux Arts". Su carrera como diseñador gráfico empezó con un trabajo para Hachard et Compagnie, una imprenta. Del '23 al '36 produjo una sorprendente serie de afiches que ayudaron a revitalizar los avisos franceses, como por ejemplo el aviso para L'Intransigeant de 1925: la imagen representa a Marianne, la simbólica voz de Francia urgentemente gritando las noticias que están siendo recibidas por el telégrafo eléctrico; y el poster de Dubonnet (1932): una secuencia cinemática está usada tanto para las palabras como para la imagen. Dubo (duda) como la mirada dudosa del hombre hacia el vaso, Du Bon (acerca de algo bueno) cuando la bebida es probada y Dubbonnet finalmente, el producto es identificado cuando el vaso está lleno. Este diseño perduró durante 20 años.

Los osados y al mismo tiempo simples diseños de Cassandre, enfatizaron las dos dimensiones, utilizando en ellos planos de color. Por la simplificación de sus temas a casi símbolos iconográficos, se acercó al cubismo sintético. Su amor a las letras se advierte en la habilidad para combinarlas con imágenes. Diseñó tipografías para las fundidoras Deberny y Peignot a fines de los '30, trabajó en EEUU para clientes como Harper's Bazaar y Container Corporation of America.

Desde el '39 cuando regresa a París, trabaja en escenografías para ballet y teatro, y en pintura. Afiches que realizó: Etoile Du Nord, L'Atlantique, Dubonnet. Alfabetos diseñados: Acier Noix (solid y out line), Peignot, Bifur.

En 1945 diseña nuevas familias tipográficas. Realiza el isotipo para Ives Saint Laurent. Posteriormente se suicida. Cassandre fue uno de los más grandes afichistas de su tiempo.

E. McKnight Kauffer: Poster para el "Daily Herald", 1918.

A.M. Cassandre: Poster para la línea de "barcos a vapor", 1931.

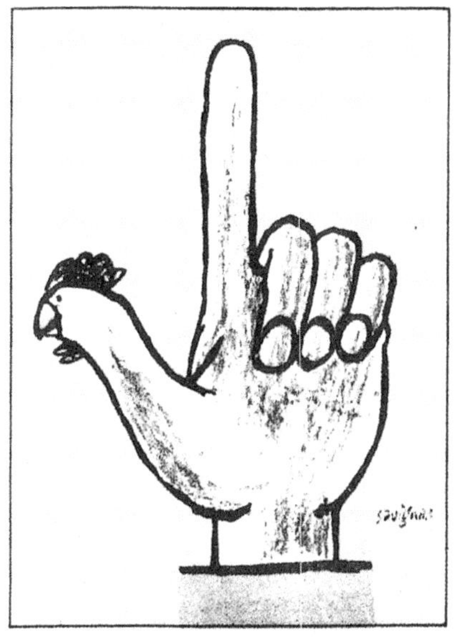

Raymond Sevignac: "Manufrance".

Raymond Sevignac: "La computadora".

A.M. Cassandre: Poster para "Dubonnet", 1932.

Otros diseñadores que incorporaron imágenes y conceptos del cubismo fueron Jean Carlu (1900) y Paul Colin (1892). **Jean Carlu**, siendo estudiante de arquitectura perdió su mano derecha. Decidió, entonces abandonar su carrera y dedicar su talento a las necesidades de su país. Le enseñó a su mano izquierda el control y la disciplina perdidos en el accidente.

Al igual que Cassandre entendió los movimientos modernos y aplicó estos conocimientos a la comunicación visual. Sus elementos de diseño fueron los textos tipográficos, la estructura y formas geométricas e imágenes simbólicas. Las ideas las representaba a través de símbolos creados a partir de la simplificación de formas naturales a casi siluetas pictográficas. La tensión se expresaba con ángulos y líneas, la relajación mediante curvas.

Para comprobar la efectividad en la comunicación visual, realizó experimentos con afiches, moviéndolos delante de los espectadores. Así se demostraba la legibilidad y el impacto visual.

En 1940, en América, participó de la exposición "France at War". Permaneció allí trece años más. Un notable trabajo es la tapa para "Vanity Fair" (1930). Este estilizado dibujo geométrico expresado como las recientemente inventadas luces de neón reflejan los orígenes del cubismo. Las cabezas relucen vibrantemente en rojos y azules contra el oscuro cielo de la noche.

Paul Colin (1892) comenzó su carrera a los 33 años, en 1925, cuando le encomendaron la gráfica del Teatro de Champs-Elysées. La organización más frecuente que Colin diseñó para este teatro fue una figura u objeto central sobre un fondo de color. Luego agregaba los títulos arriba o debajo de la imagen. Estas fuertes imágenes centrales eran animadas con distintas técnicas creando dobles imágenes, a menudo con diferentes técnicas de dibujo o con distintas escalas; usando la transparencia del solapado como un medio para hacer dos cosas en una; adicionando bandas de color detrás o a un lado de la figura central para romper el estatismo. Creó cerca de mil diseños. Es, sin duda, el más prolífico diseñador del Art Decó.

Otros destacados diseñadores fueron: Austin Cooper (en Inglaterra), Joseph Binder (Viena), Schulz-Neudamm (en Alemania, Metrópolis 1926) y Abram Games (Inglaterra).

La gráfica moderna europea procuró la total integración de la imagen y la palabra.

Savignac y el diseño de carteles:

Raymond Savignac es uno de los miembros de la generación de franceses que conoció los tiempos en los cuales se llevaba en Francia vida de príncipes. Savignac proviene de un París tranquilo, lleno de humor y esto es precisamente lo que le da a sus carteles esa viva expresión.

De joven aprendió el oficio de dibujante técnico. Luego trabajó para un productor de películas publicitarias, donde descubre la naturaleza y el efecto del cartel: "Mientras las películas publicitarias de dibujos trucados caen en la más banal rutina, el cartel se encuentra en una evolución total. No pasa una semana sin que salga un nuevo cartel". Es el principio de la época de Carlu, Colin y Cassandre.

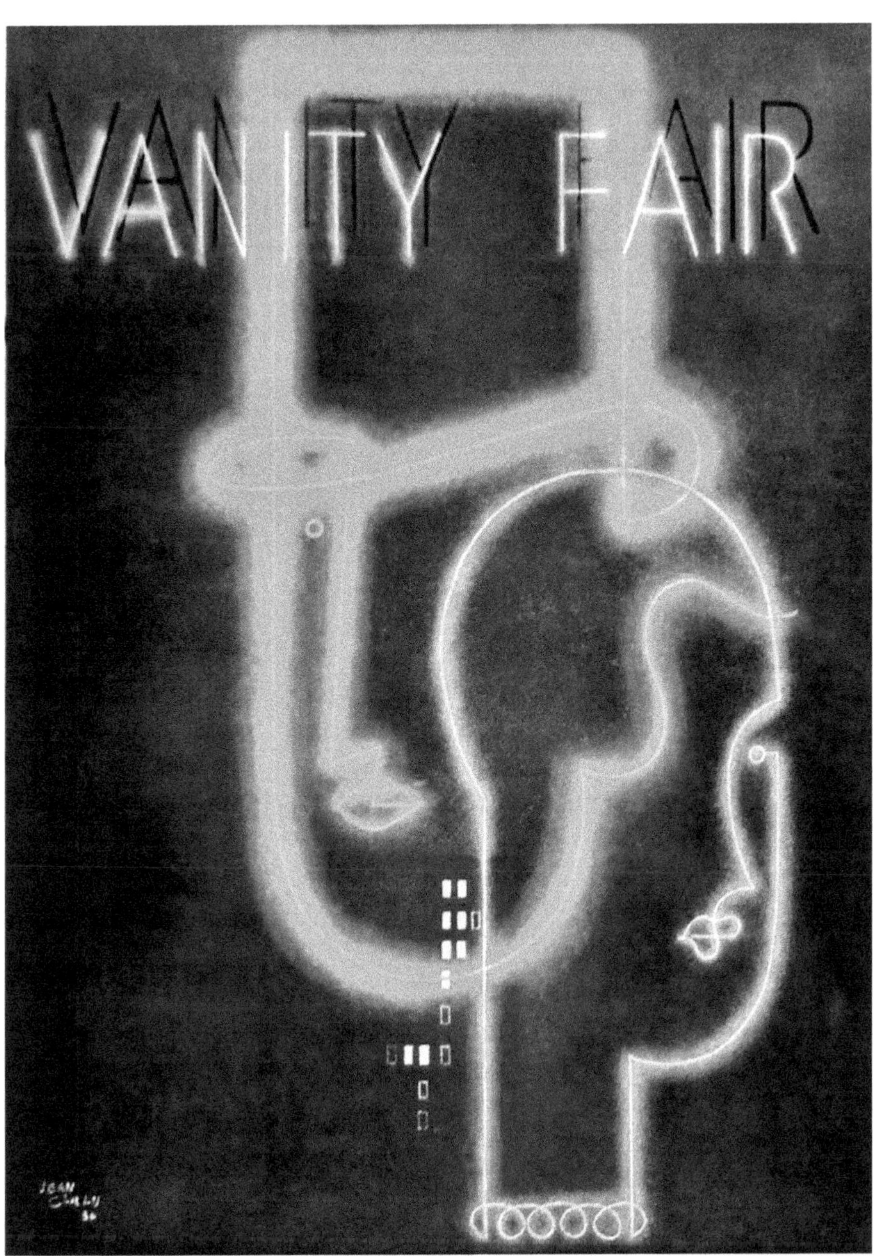

Jean Carlu: Tapa para "Vanity Fair", 1930.

Savignac afirmaba que en el cartel "en una sola ilustración está lo que se quiere expresar". Carlu, Colin y Loupot que fundaron con Cassandre y bajo su dirección el grupo de diseño "Alliance Graphique" fueron los inspiradores de Savignac. Trabajó en dicho estudio durante diez años. Comenzó a comprender el procedimiento de Cassandre y de los otros tres integrantes del estudio: la reunión de ideas. Pero Savignac consideraba que sería ideal convertir esas ideas en una sola, es decir, ignorar el estado de la asociación y obtener un resultado que es la suma de todas las ideas y las expresa en una.

Al proceder así perdería el cartel su parte intelectual, en beneficio del efecto óptico y de una mayor claridad. Esta diferencia lo separa del grupo "Alliance Graphique", se dedica a la práctica privada de la profesión y diseña numerosos carteles que superaban a los de los demás diseñadores.

Capítulo V
Diseño Gráfico Europeo

Escuela suiza:

Durante los años'50 un estilo de diseño surgió de Suiza, fue llamado diseño suizo o más apropiadamente, el Estilo Tipográfico Internacional.

La objetiva claridad de este movimiento de diseño ganó adeptos a través del mundo. Las características visuales del estilo internacional incluyen una unidad visual de diseño lograda por una organización asimétrica de los elementos de diseño sobre una grilla matemáticamente dibujada; el uso del tipo Sans Serif (particularmente Helvética después de su introducción en 1957); tipografía marginada a la izquierda y margen derecho libre; fotografía objetiva. Hay una revalorización de la tipografía. Más importante que la apariencia visual de su trabajo es la actitud que los primeros pioneros de este movimiento desarrollaron a través de su profesión. El diseño es definido como una actitud importante de utilidad social.

La expresión personal y las soluciones excéntricas son rechazadas en favor de una aproximación más universal y científica para resolver los problemas de diseño. El diseñador define su rol no como un artista, sino como un conductor objetivo, para transmitir información, entre los componentes de la sociedad. Claridad y orden es lo esencial. Los iniciadores de este estilo creían que la tipografía Sans Serif expresaba el espíritu de la presente edad, y que las grillas matemáticas eran los más legibles y armoniosos medios para estructurar la información.

Entre los pioneros del movimiento encontramos a: Ernst Keller (1891-1968). En 1918 se unió a la Escuela de Artes Aplicadas de Zurich, donde dictó diseño y tipografía. Decía Keller que la solución está en el contenido.

Las raíces del estilo tipográfico internacional crecieron de De Stijl, del Bauhaus y de la nueva tipografía de los años '20 y '30.

Max Bill (1908) nace en Suiza y estudia en el Bauhaus, de 1922 a 1929 con Gropius, Meyer, Moholy-Nagy, Joseph Albers y Kandinsky.

Se dedicó a la pintura, escultura y arquitectura, así como a productos, exhibición y diseño gráfico.

Fue en 1931 cuando empapado de los conceptos del arte concreto, encontró su camino.

Sus planteos son construídos con elementos geométricos elementales organizados con absoluto orden.

En 1930 se volcó plenamente al constructivismo en diseño gráfico. Proporciones matemáticas, división espacial geométrica y el uso de la Akzidenz Grotesque fueron aspectos de sus trabajos.

Exploró el uso del margen derecho libre e indicó parágrafos por un inter-

Max Bill. Poster para exhibición, 1945.

Max Bill: Tapa de libro de Arquitectura 1942

Max Bill: Poster para exhibición, 1951.

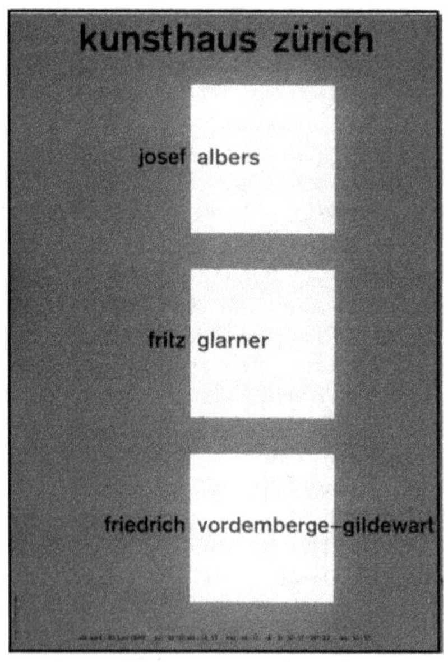

Max Bill: Poster para exhibición, 1956.

Josef Müller Brockman: Poster para exhibición, 1960

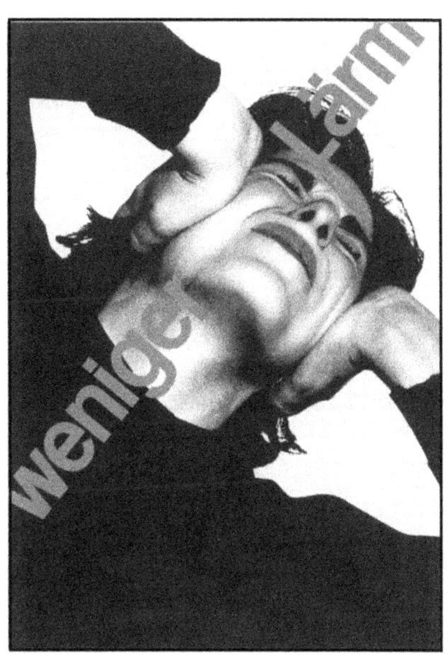

Josef Müller Brockman: Poster contra la polución del ruido, 1960.

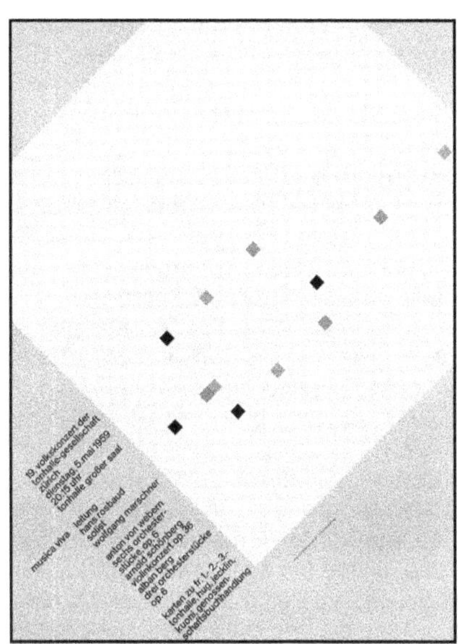

Josef Muller Brockman: Poster para concierto de música viva, 1972

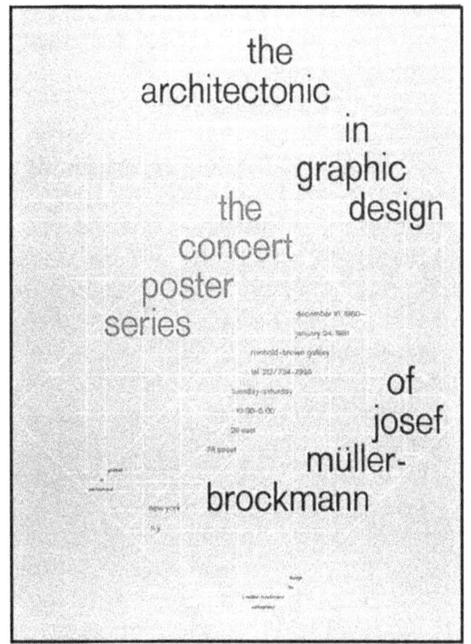

Josef Müller Brockman: Poster para un concierto, 1980.

valo de espacio en lugar del parágrafo con sangría.

Desarrolló los principios cohesivos de la organización visual.

La división del espacio en partes armoniosas, el uso de grillas moduladas, progresiones aritméticasy geométricas, permutaciones y secuencias, eran características de sus trabajos.

Bill dirigió la escuela de Ulm desde 1950 hasta 1956. Desarrolló una teoría tipográfica: "La nueva tipografía", en 1940. Era artista y pintor. Ian Tschichold también se ubica dentro de este movimiento.

El diseño suizo comenzó a ser realmente un movimiento unificado internacional cuando comenzó a publicarse el periódico **New Graphic Design** en 1959. Los editores fueron cuatro diseñadores de Zurich: **Richard Lohse** (1902), **Josef Müller-Brockmann** (1914), **Hans Neuburg** (1904) y **Carlo Vivarelli** (1919). Este periódico, publicado en tres idiomas, comenzó a presentar la filosofía y realizaciones del movimiento suizo a un público internacional. New Graphic Design tenía una grilla de cuatro columnas la que le aportaba una gran variedad de diseños de páginas.

Müller-Brockmann (1914) creó en los años '50, posters tan frescos y contemporáneos como los de última moda y comunican su mensaje con remarcada claridad e intensidad. Sus posters fotográficos tratan a la imagen como un símbolo.

"Der Film" es uno de sus posters considerado una obra maestra (1960). Müller-Brockman combina una comunicación efectiva de la información, con expresión del contenido y armonía visual.

Müller-Brockman es un activo diseñador, ex-profesor de diseño en la escuela de Artes y Oficios de Zurich. Representa uno de los máximos exponentes profesionales, a la vez que divulgador de lo que se llama "la escuela suiza de diseño gráfico".

Comparte, ante el hecho de la configuración visual, la ideología constructivista de sus compatriotas Max Bill, Richard Lohse y otros.

En su libro "Sistemas de retículas" está presente esta búsqueda de la construcción del orden en el decir tipográfico. Brockman establece que el libro es un elocuente tratado sistematizado sobre la configuración tipográfica en cualquiera de sus formas: libro, revista, catálogo, cartel y otros; los cuales son los elementos comunes que constituyen siempre una configuración tipográfica; y muestra cómo hallar el principio ordenador sobre el cual se pueden articular dichos elementos. Con este procedimiento se logra no sólo la convivencia armónica de la tipografía con titulares, imágenes gráficas, sino que pone también de manifiesto la inmensa riqueza de alternativas visuales a un mismo problema formal.

De este modo, cualquier requerimiento tipográfico por complejo que sea, puede ser satisfactoriamente resuelto, manteniendo la armonía del conjunto. Tanto el poster para el concierto de"Música Viva"de 1972 como el de 1982 para una exposición son claros ejemplos del uso que hace de las retículas.

En el primero los cuadrados rojos, amarillos y azules marchan con un ritmo musical sobre un fondo blanco inclinado. El uso de una grilla para tipografía y figuras otorga una armoniosa yuxtaposición. En el segundo, la grilla se vuelve visible siendo un elemento protagonista.

Max Huber: Poster para la carrera de Monza, 1948.

Giovanni Pintori: Poster para "Olivetti 82 Diaspron", 1958.

Franco Grignani: Afiche para la imprenta "Alfieri & Lacroix".

Tapa revista "Casabella".

Brockman investigó sobre la retícula como ayuda en la configuración plástica, arquitectónica y tipográfica a través de la historia y utilizada en diversas culturas, desde la antigüedad hasta nuestros días. Es el primer diseñador que trata de un modo competente, profesional y exhaustivo el tema de retículas a través de su libro "Sistemas de Retículas".

El Caso Italiano:

Cuando finaliza la Segunda Guerra Mundial, Italia debe resolver el problema creado por la necesidad del transporte individual, con características de máxima economía, de costo y de mantenimiento.

Nace así un parque automotor integrado por pequeñas motocicletas, ciclomotores y automóviles de muy baja cilindrada. Se desarrollan y perfeccionan las plantas motrices para extraer la mayor potencia posible con el menor tamaño, peso y uso de materiales.

Toda esta experiencia sirve a técnicos y diseñadores, y luego se proyecta a otros campos de la industria. La mayor parte de los diseñadores italianos provienen directa o indirectamente de la escuela de Ulm, por lo tanto son receptores de los principios heredados del racionalismo.

En el medio italiano se da un sentido formal distinto. Los italianos vinculan los elementos tipográficos y gráficos. La gráfica italiana es la versión latina de la gráfica ordenada de Suiza. La forma adquiere un nuevo significado dado por la transmisión de nuevas sensaciones visuales y táctiles como así también por el sentido de renovada originalidad.

En la diagramación de revistas (por ej. Casabella, enero 1930, en plena etapa fascista) aparece una exageración en el manejo del blanco con respecto a la tipografía. El movimiento futurista y sobre todo la ideología de este movimiento fue usada por el fascismo, que llevó a Mussolini al poder. El diseño de la comunicación visual e industrial, como la total extensión del diseño italiano, aún debe algo al futurismo, así como también a los racionalistas.

Estudio Boggeri:

En este estudio aparece una estrecha vinculación gráfica suizo-italiana. Fue creado por **Alberto Boggeri**, quien entra en contacto con diseñadores del Bauhaus.

Es designado como gráfico de los talleres Alfieri donde se realizaba impresión, tipografía y diseño gráfico, siendo aún muy joven. Desarolla sus primeros trabajos en Milán.

Boggeri se convierte en gráfico y empresario. Ejercerá su influencia junto con Herbert Bayer y Moholy-Nagy, sobre la escuela de Nueva York.

Max Huber (1919) es contratado por Boggeri y desarrolla en Milán sus trabajos más importantes. Después de estudiar las ideas formales del Bauhaus y experimentar con fotomontaje como estudiante en la escuela de Zurich de Artes y Oficios, Huber se muda a Milán y comienza su carrera. Retorna a Suiza durante la guerra y colabora con Max Bill.

En 1946 vuelve a Italia, donde combina brillantes y puros matices con fo-

Giovanni Pintori. "Aviso para Olivetti", 1965

Tapa para "New Graphic Design", 1958.

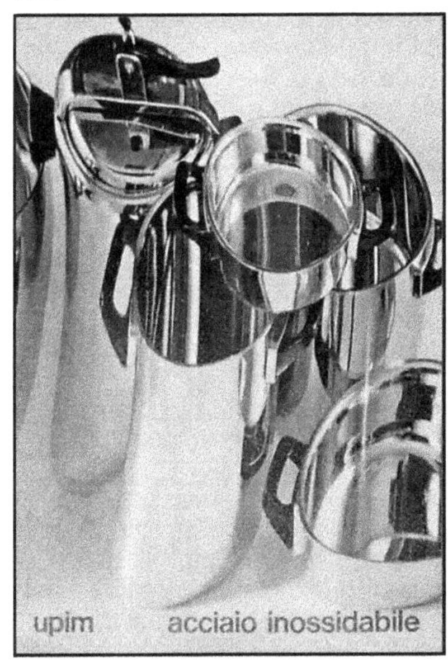

Tomás Gonda. Poster para tienda. 1969

Müller Brockman: Aviso. 1969

tografías en intensa y compleja organización visual. Utiliza tintas transparentes. Realiza trabajos pictóricos; evoluciona desde una gráfica con arte concreto, hasta la gráfica publicitaria. Con la cadena de tiendas "Rinascente", crea un sistema de comunicación gráfica (iso-logotipo y publicidad). La "Rinascente" es pionera en publicidad italiana.

Algunas veces, los trabajos de Huber están al borde del caos, pero siempre trata de encontrar el balance para mantener el orden en medio de la complejidad. En 1948 realiza un poster para el gran premio Autódromo de Monza en el cual la tipografía está corriendo en perspectiva; las flechas arqueadas le otorgan profundidas a la página impresa.

Marcelo Nizzoli (1887) gráfico, diseñador industrial y arquitecto, obtiene en 1925 el primer premio del concurso Campari, volcándose al diseño gráfico.

En 1938 es director de publicidad en Olivetti, trabajando en diseño y gráfica de productos. Diseñó posters para Olivetti y tapas para "Architettura". Como arquitecto diseñó oficinas para Olivetti, desempeñándose también como diseñador industrial. Trabajó para las revistas "Domus" y "Casabella".

Olivetti y la Publicidad Corporativa:

"Buen diseño es buen negocio" fue el lema que se difundió entre la comunidad gráfica de los años '50. Las grandes corporaciones vieron la necesidad de desarrollar una imagen corporativa e identificatoria dentro de varios sectores del público.

Entre los pioneros encontramos a Peter Behrens con la AEG, y un proceso similar ocurrió con la Olivetti en 1936. Olivetti es una empresa italiana fundada por Camilo Olivetti. Su hijo Adrián contrata en 1933 a **Giovanni Pintori** (1912) diseñador gráfico italiano. Olivetti le encomienda la difusión de su empresa a través de la identificación corporativa que abarcaba isotipo, diseño industrial y diseño de los vehículos.

Durante treinta y un años Pintori puso su personal impronta en las imágenes gráficas de la empresa.

El logotipo que Pintori diseñó en 1947 para la firma consistía en el nombre en Sans Serif, espaciado entre letras al pie de la caja. La identificación fue lograda por una apariencia gráfica general. Pintori creó formas gráficas simplificadas que visualizaban los mecanismos y procesos de los productos Olivetti. Los ejemplos "Olivetti Elettrosumma 22" (poster 1956) y "Olivetti 82 Diaspron" (1958) resumen esta propuesta de diseño.

En "Eletrosumma 22" una estructura informal de brillantes y coloridos cubos con cifras, sugiere la construcción matemática del proceso que comienza cuando se usa la máquina de calcular.

En "Olivetti 82 Diaspron" un diagrama esquemático demuestra la acción mecánica de la tecla de la máquina de escribir y una fotografía de dicha máquina comunica otro nivel de información acerca de este producto.

Franco Grignani (1908) es el "químico" de la gráfica italiana. Realizó investigaciones sobre fotografías y dibujos en base a deformaciones que tienen su origen en el fotomontaje.

Grignani tiene, como Cassandre, parte de artista y parte de gráfico. Sus tra-

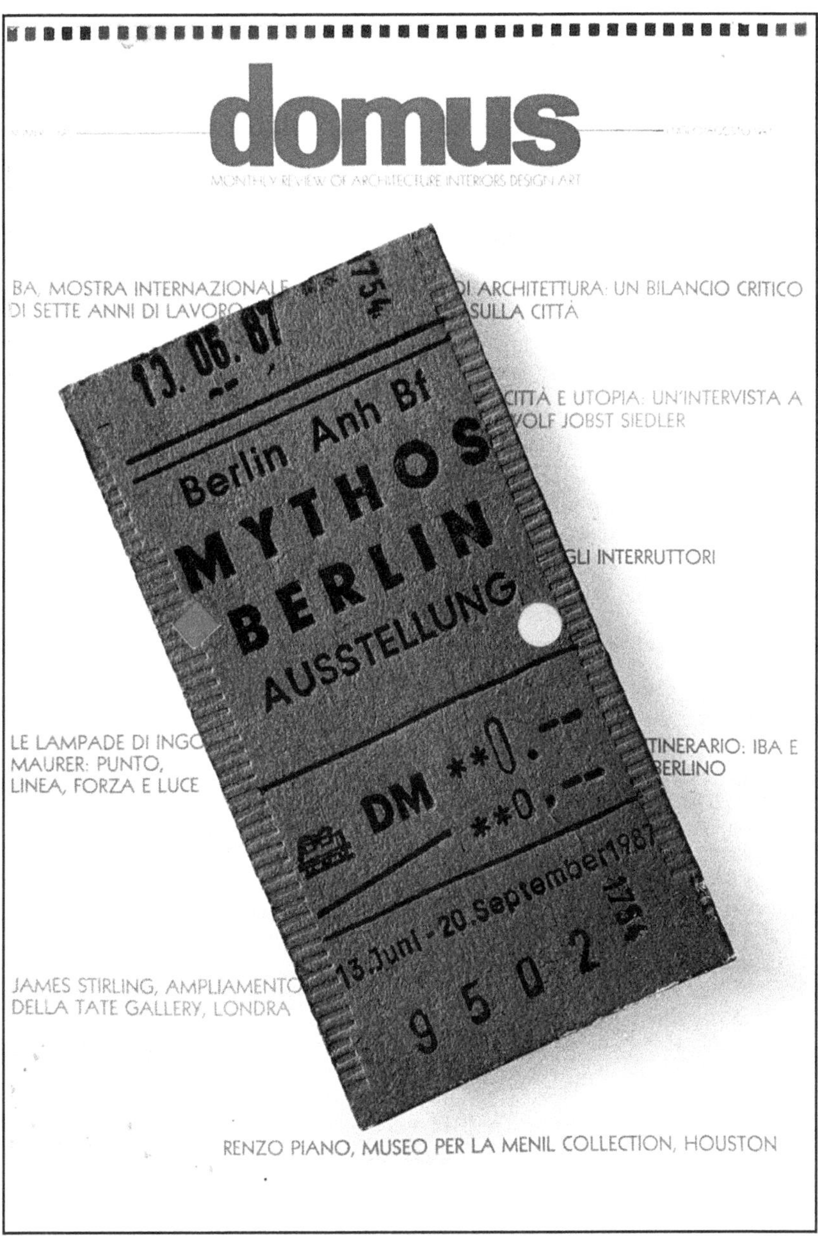

Tapa revista "Domus".

bajos se basan en los diseños de Moholy-Nagy y Man Ray. Es un pintor de arte concreto. En sus pinturas utiliza la modulación, repetición y seriación. Encuentra una relación entre gráfica y arte concreto. Es el origen del pop-art, pintura geométrica no figurativa.

Realizó análisis sobre superposiciones, distorsión, expansión.

La gráfica de las revistas de arquitectura: Domus y Casabella:

Estas revistas son ejemplos en gráfica. Sus temas incluían amoblamiento, arte e industria.

Casabella fue fundada por G. Marangoni en 1928. La condición, elección del tipo y uso de las fotos y una medida composición hicieron de Casabella una revista revolucionaria.

Su publicación fue suspendida por diez años debido a la guerra. Se refundó en 1953. Su contenido cambió considerablemente, orientándose hacia la arquitectura y el planeamiento de ciudades. Colaboraron en ella T. Gonda y T. Maldonado (jefe editor).

En 1982 la revista tiene nuevo editor, con nuevos contenidos ilustrados con formato gráfico en blanco y negro, axonométricas y dibujos.

Domus fue fundada en 1928 por Gio Ponti. Era una revista mensual de arquitectura, amoblamiento y arte. Representa una importante fuente de información debido a que incluía en sus páginas imágenes gráficas, trabajos sobre los gustos modernos y discusiones sobre temas culturales interdisciplinarios relativos al mundo de la imagen.

Pentagram:

Alan Fletcher (1931), **Colin Forbes** (1928) y **Bob Gill** forman en 1962 su estudio. En 1965 incorporan al arquitecto Theo Crosby (1925). Diseño para exposiciones, conservaciones históricas y diseño industrial se incorporan a las actividades del estudio y se abren oficinas en Zurich y Nueva York.

El nombre del estudio se cambia por Pentagram. Pentagram combina el sentido de la contemporaneidad con una comprensión histórica muy fuerte. Es la primera gran organización que agrupa el diseño gráfico, el diseño industrial, arquitectura y gráfica.

Sus diseños van desde formas geométricas claras en los sistemas de identificación corporativos hasta un cálido historicismo en el diseño de packaging y gráfica para pequeños clientes.

Aunque el Pop-Art es usado cuando es necesario, una conceptual, visual y a menudo expresiva agudeza británica son las características tomadas por este grupo, que les han dado una presencia internacional en el diseño gráfico.

Pentagram no ha desarrollado un estilo único ni una filosofía de diseño, pero sus soluciones inteligentes y apropiadas para los problemas son sus cualidades.

Habilidad para evaluar los problemas y una solución visual dinámica es evidente en trabajos como el poster del ómnibus para zapatillas Pirelli donde A. Fletcher, en 1965, usa a los pasajeros como parte del diseño. En 1968 Fletcher

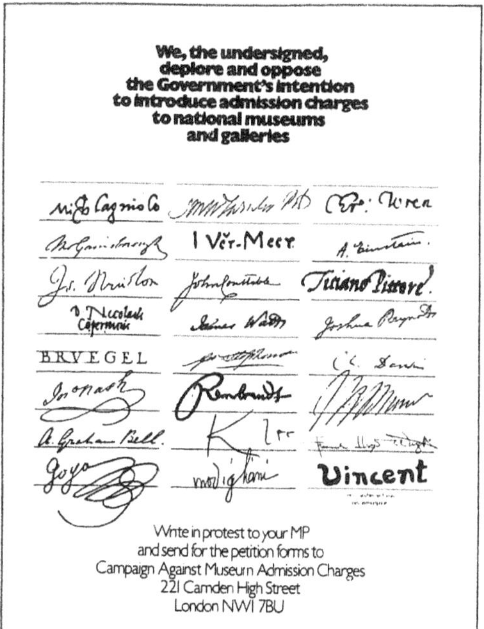

Colin Forbes: Poster para museos, 1970.

Alan Fletcher: Poster para "Pirelli", 1965.

realiza el logotipo para la boutique "Flora" ornamentando sus iniciales con motivos renacentistas.

Colin Forbes en 1966 diseña el símbolo para la "Conferencia Asociación Zinc" y en 1920 diseña también un poster para la campaña contra los pagos de entradas en los museos (doce firmas famosas transforman un ordinario documento en un extraordinario y memorable poster).

La gráfica inglesa: Mc Knight Kauffer:

Mc Knight Kauffer (1890-1954), diseñador gráfico americano, llegó a Londres en 1914 cuando estalló la guerra. Durante los siguientes veinticinco años, aplicó el arte moderno, especialmente el cubismo en los posters y otros trabajos gráficos de comunicación visual. Diseñó 141 posters para el transporte subterráneo de Londres. Cuando comienza la Segunda Guerra Mundial, Kauffer retorna a América donde trabaja hasta su muerte.

Fue el autor del primer aviso publicitario en estilo cubista; también realizó diseños para escenografías, como por ejemplo para el ballet "Jaque Mate". Para presentar a un museo histórico (London Museum 1922) interesante, Kauffer seleccionó un evento dramático (el incendio del parlamento) y lo ilustró con fuertes rojos y naranjas, inspirado en el cubismo.

En el diseño de la tapa del libro Ulysses (1952) las letras U y L toman una identidad visual separada de sus funciones de letras.

Capítulo VI

Diseño gráfico y comunicación persuasiva

El fenómeno de USA:

El racionalismo en realidad se origina antes en USA que en Europa al desarrollarse la llamada Escuela de Chicago, una nueva tarea arquitectónica de gran ciudad: el edificio de gran altura destinado a almacenes.

La figura más importante de esta escuela fue **Luis Sullivan** (1856-1924) arquitecto y teórico. Su lema "la forma debe seguir a la función" resumía su modo de entender la arquitectura.

Se opuso a la ornamentación que enmascaraba las fachadas con elementos estilísticos asimilados superficialmente. Estas fachadas, de efecto decorativo, no guardaban una auténtica relación con el interior del edificio y en consecuencia negaban su concepción. Para Sullivan el exterior del edificio debe formar con su interior una unidad indivisible. Cada edificio ha de representar un todo orgánico, inconfundible, al que no se puede añadir o suprimir, y cada una de sus partes deben reflejar las funciones que corresponde.

Precursor de la técnica mediante la que la escuela de Chicago resuelve la construcción de rascacielos, la estructura de acero monolítico, fue la construcción por travesaños de hierro colado utilizado en EE.UU desde mediados de siglo. El gran incendio de Chicago que se produjo en el año 1871 demostró que las paredes exteriores armadas con hierro colado no resistían el calor.

La solución a este problema en la unión de estructuras o armazones con el ladrillo o mampostería fue hallada primeramente por **W. Le Baron Jenney** con su "Home Insurance Building" en Chicago, edificio de 10 pisos que más tarde habrá de ampliar. En su aspecto exterior la construcción de Jenney mostraba aún reminiscencias de los estilos anteriores.

Frank Lloyd Wright (1869-1959): junto con Sullivan, otorgó significación internacional a la ciudad de Chicago, centro de progreso arquitectónico de los EE.UU a partir de 1880.

Criado en una granja, siempre respetó la tierra y denominó a su arquitectura "orgánica" para sugerir que el edificio debía surgir del terreno como cosa natural. Esto lo sitúa en el extremo opuesto a Le Corbusier y Mies Van der Rohe, hombres de la ciudad cuyos diseños contrastan con la naturaleza. Formando como ingeniero, trabajó en el estudio de Adler y Sullivan.

En 1893, abrió su propio estudio. Dedicó su esfuerzo a las casas. Realizó innovaciones brillantes en el énfasis horizontal y en la flexibilidad espacial de sus numerosas viviendas. En 1909, su serie de casas en el estilo de la Pradera culminó con la "Robbie House". En 1901 comenzó a interesarse por las posibilidades del hormigón.

En 1946 proyectó el edificio del Museo Guggenheim. Es un edificio, que a

Frank Lloyd Wright: Casa de la cascada, 1936.

Frank Lloyd Wright: "Museo Solomon Guggenheim".

Louis Sullivan: "National Farmers' Bank", Minnesota, 1907.

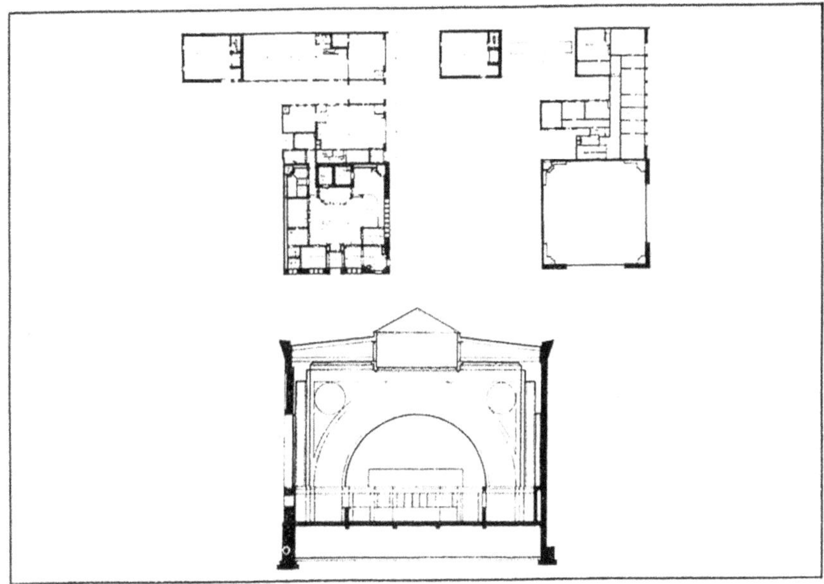

Louis Sullivan: "National Farmers' Bank", Minnesota, 1907.

pesar de sus poderosas masas de hormigón armado no resulta pesado ni monótono. Superficies lisas, sin aberturas, la originalidad de la construcción reside en la vitalidad "orgánica" de su masa, en su estructuración rítmica.

Henry H. Richardson (1838-1886): con la sencilla monumentalidad de los almacenes Marhsall Field, de pesada mampostería, marca un nuevo rumbo en la arquitectura. El efecto que produce este edificio se debe más que nada a la fuerza expresiva de los materiales utilizados en sus fachadas. Sullivan, en su Auditorium Building de Chicago, imitó la forma expresiva de Richardson.

Richardson fue un precursor de los edificios comerciales modernos en gran escala.

Trabajó un tiempo en París, donde adquirió un estilo exhuberante, mezcla de gótico y segundo imperio. Entre sus obras se destacan: la cárcel de Allegheny y el almacén mayorista de Marshall Field, en Chicago.

Ejerció influencia en Sullivan y en la escuela de Chicago.

Hollywood y la gran producción

A fines del siglo XIX, en 1894, Edison y su ayudante Dickinson culminan diversas filmaciones con la explotación pública del kinetoscopio, especie de caja de gran tamaño provista de un visor a través del cual un observador podía contemplar el desarrollo de una brevísima película, unida en forma de sinfín, que se repetía constantemente.

Hacia 1905, las salas en las cuales se proyectaban películas mediante el kinetoscopio eran un negocio brillante.

Edison ayudó a crear un trust con 8 compañías productoras de films. Quería detener a quienes pretendían proyectar sus películas sin pagar royalties por su invento.

Durante algo más de 10 años el trust funcionó. Hasta que un grupo de productores que huían de los agentes recaudadores de la patente de Edison, se asentaron en California y se organizaron para hacer frente al monopolio de Edison.

Así nació Hollywood. David Griffith fue la primer gran figura. En 1914, revoluciona, el arte, la técnica y la industria cinematográfica norteamericana con su película "El nacimiento de una nación". Una duración de casi 3 horas y un costo de 100.000 dólares hicieron de ella un film extraordinario.

La década del 20 es época de grandes realizaciones cinematográficas, así como de estudios teóricos que analizan exhaustivamente los fundamentos y las características estéticas del nuevo arte. Comienzan a surgir las grandes estrellas de Hollywood: Chaplin, Lillian Gish, Mary Pickford.

Apogeo del cine mudo: En 1927, con la introducción del sonido, se produce una baja directa en la utilización de la imagen como potencia expresiva, debido a que facilitaba el menor esfuerzo financiero y mental de "contar" con los diálogos en lugar de mostrar con imágenes. La necesidad de disponer de complejos dispositivos, frenó las posibilidades expresivas, y el ritmo visual del cine se volvió lento.

Hollywood encuentra en este nuevo sistema la oportunidad de llevar a la pantalla todo tipo de operetas y comedias musicales. Es la época en que los films son cien por cien hablados o contados, en su deseo de explotar al máximo la novedad.

Los grandes creadores del cine reaccionaron contra esta utilización del sonido, rechazándolo airadamente o aceptando al sonido sólo en tanto fuera un aporte creador.

El cine pasó de ser entretenimiento a manía: todo el mundo imitaba a los actores o actrices de las películas.

Aparecen los pioneros, los inventores de los estudios que provenían de variadas cunas: Warner, Louis Mayer, William Fox, Samuel Goldwyn.

La depresión sorprendió a la industria del cine, como a todos los rubros de la economía del país. Las salas recurrieron a miles de trucos para atraer al público. En algunas ocasiones Hollywood producía algunos productos comprometidos con los tiempos que corrían. Pero en realidad la mayor parte eran productos escapistas: las comedias de Gary Grant, los gangsters de James Cogney, los suspensos de Hitchcock, "Lo que el viento se llevó", etc.

En 1935 aparece el color y la revalorización de las rubias, los decorados chillones y algunos exteriores.

Con la guerra, todo Hollywood se volcó a los films épicos, propagandísticos, lógicamente antinazis.

En 1941 se filmó "Casablanca" y también "El ciudadano" de Orson Wells. Entre 1936 y 1949 cada semana asistían al cine entre 80 y 90 millones de norteamericanos, casi un sesenta por ciento de la población. Esa fue la gran época dorada de Hollywood.

Pero la época dorada de Hollywood terminaría cuando una ley prohibió que los estudios fuesen a la vez propietarios de las grandes cadenas de salas de exhibición.

La presencia de los espectadores bajó entre 1948 y 1953 un cincuenta por ciento.

Al mismo tiempo, el auge extraordinario de la televisión que redujo considerablemente la cantidad de espectadores cinematográficos en la década del cincuenta, llevó al cierre de miles de salas.

La industria está en franca crisis, pierde mercados. Es la época del senador Mc. Carthy y su actividad antiamericana "detrás de cada puerta se olfateaba un comunista". Se institucionalizó la detención.

Directores y escritores fueron a la cárcel porque se negaban a testimoniar contra sus compañeros. La mentalidad industrial de Hollywood busca su recuperación en la faz técnica, y no en una transformación espiritual, que es lo que caracteriza al cine de post-guerra.

Surge el doble foco que permite nitidez en los planos de profundidad y se ensanchan las pantallas (cinemascope). En 1952, estos dos sistemas salvan la industria.

La producción de películas de bajo costo y temas sencillos para televisión, dio nacimiento a la llamada "Escuela de Nueva York" cuya estética se suscribe al neorrealismo italiano.

Hollywood acepta el neorrealismo y contrata a directores seduciéndolos con una posibilidad que la televisión no les permitía: tratar temas relacionados con la vida sexual del ciudadano medio norteamericano.

Hollywood se lanza a las coproducciones, que le aseguran mercados. Las producciones entran dentro del plan de ayuda en la recuperación económica de los países amenazados por el comunismo. Hacen ingresar una gran corriente de divisas en Italia, España y en menor grado en Francia y Alemania, a la vez que aseguran el reingreso, en un futuro, de esas mismas divisas al recuperado imperialismo cinematográfico norteamericano.

El fenómeno Walt Disney y el dibujo animado:

Walter Elías Disney nació en Illinois, Chicago, en 1901 y falleció en Hollywood, California en 1966.

Director y productor cinematográfico, ejerció varias profesiones. Asistió al Instituto de Arte de Kansas City y desde 1919 a 1922 trabajó en dibujos publicitarios.

En 1923 se trasladó a Hollywood y fundó el Disney Studio, para la realización de dibujos animados. La inventiva y la ingeniosa caracterización de sus dibujos animados, con un tinte maduro y grotesco como en "La danza macabra" (1930) y una galería de personajes, tales como el Ratón Mickey, el Pato Donald y Pluto, lo hicieron famoso en el mundo entero.

El decenio de 1928 a 1938 fue para Disney el período de mayor actividad creadora, con la creación de personajes que todavía se encuentran hoy entre los más famosos de la literatura y el cine infantil.

Su organización consiguió extender su actividad al campo de las editoriales para niños y de la industria del juguete, llegando a alcanzar en estos sectores una verdadera primacía.

Disney fue el primero en usar el sistema mejorado de Technicolor en tres bandas, para una de sus "sinfonías tontas": "Arboles y flores" (1932) y obtuvo mucho éxito con el dibujo animado en colores.

Realiza "Los tres chanchitos" (1933) que incluía una canción que fue muy popular en el período de la depresión en EE.UU "quién le teme al lobo feroz".

Desarrolló la sincronización de la película, la música y los efectos hasta un punto que no se había alcanzado hasta entonces, también usó el color de una manera fantasiosa como la secuencia abstracta con música de Bach de "Fantasía" (1940). Su primer largometraje con dibujos animados fue "Blanca Nieves y los siete enanos" (1938) y luego "Pinocho" (1940), "Dumbo" (1941) y "Bambi" (1942).

Disney comenzó a utilizar luego el "realismo" de manera demasiado obvia, por ejemplo: "Los tres caballeros" donde combina al Pato Donald con auténticas beldades sudamericanas. Abandonó después este estilo por dibujos excepcionalmente delicados, especialmente en "La noche de las narices frías".

En 1953 constituyó una sociedad de producción donde en 1954 produjo "2000 leguas de viaje submarino". En 1955 se emitió por la cadena ABC "The Mickey Mouse Club". Mickey Mouse era el personaje preferido de Disney, insignia de la empresa que lleva su nombre.

En 1933 se creó el primer film en colores de Mickey donde actúa el pato Donald: "El concierto de la Banda".

Luego de su muerte la W. Disney Productions continuó realizando pelícu-

Alexey Brodovich: Tapa para "Portfolio", 1951.

Erte: Tapa para "Harper's Bazaar", 1929.

Joseph Binder: Poster para reclutamiento en la armada, 1954.

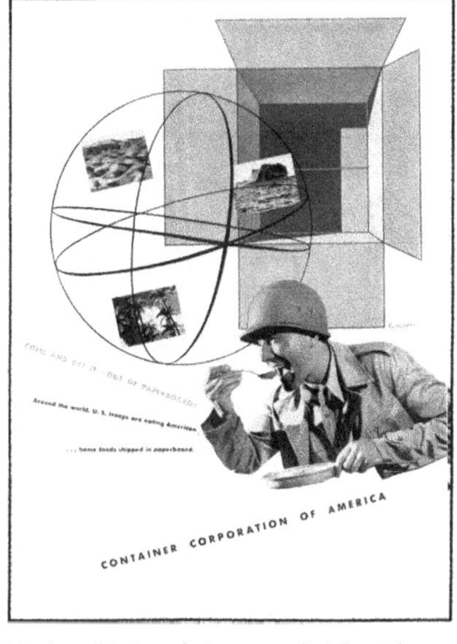

Herbert Matter: Aviso para la "Container Corp.", 1943.

las de gran éxito: "Robin Hood", "Cupido motorizado", "El Zorro" y documentales sobre la vida silvestre. La compañía además administra Disneylandia, en Los Angeles, creada por W. Disney y Disneyworld, y en Orlando el Epcot Center.

Los dibujos animados de Disney trataban de lograr el efecto de un mundo de fantasías, en contraposición a fondos realistas.

El movimiento moderno en América:

El movimiento Moderno no ganó lugar rápidamente en EE.UU, el fabuloso Armony Show de 1913, que generó una tormenta de protestas cuando introdujo el arte moderno en América, no fue seguido por una aceptación pública del arte moderno o del diseño. La vitalidad y la inventiva de los conceptos europeos de avanzada no tuvieron una significativa influencia en el diseño americano hasta los años '30.

La era de la depresión del diseño gráfico en América fue dominada por la ilustración tradicional.

Una de las principales excepciones a esa regla es **Lester Beall** (1903-1969), quien después de ganar prestigio como diseñador en Chicago, se mudó a New York en 1935 e intentó el desarrollo de formas visuales fuertes, directas y excitantes. Beall comprendió la nueva tipografía de **Tschichold** y la casual organización del movimiento dadaísta, el emplazamiento intuitivo de elementos y el rol del cambio en el proceso creativo.

A menudo, los planos de color y los signos elementales tales como flechas, fueron combinados con fotografías; así Beall avistó un contraste visual y un rico nivel de contenido informativo. En 1951 Beall comenzó a involucrarse con el movimiento de diseño corporativo de los años '50 y '60.

La inmigración Europea:

La inmigración europea comienza cerca de los años '30.

Los tres primeros individuos que trajeron el modernismo europeo al diseño gráfico americano fueron rusos, educados en Francia, y trabajaron en el diseño editorial de revistas de moda.

Erté (seudónimo de Romain de Tirtoff): nació en St. Petersburgo en 1892. Ilustrador en París, trabajó como diseñador a la manera Art Decó.

De 1924 al 37 fue contratado para diseñar las tapas e ilustraciones de modas de la revista "Harper's Bazaar". Combinó los estilizados dibujos del modernismo con una exótica decoración de complejidad persa.

Alexey Brodovich (1898-1971): dirigió **Harper's Bazaar** de 1934 a 1938. Brodovich, con una pasión por el espacio blanco y las páginas abiertas, repensó la aproximación al diseño editorial.

Avistó un sentimiento musical en el devenir del texto y las figuras. El entorno rítmico de los espacios abiertos balanceado con los textos fue energizado por el arte y la fotografía que extrajo de innovadores como Salvador Dalí, Henri Cartier-Bresson y Man Ray.

Brodovich enseñó a los diseñadores a usar la fotografía como medio gráfico. Se desarrolló como diseñador editorial entre 1940 y 1950. Durante los años

50 diseñó la revista de artes visuales Portfolio.

Grandes imágenes, espacios dinámicos e inserciones de papeles de colores y texturas, combinaron la experiencia táctil y perceptiva de los lectores.

Joseph Binder: emigró a América en 1934. De estilo refinado, usó el aerógrafo para obtener formas más terminadas.

Su fuerte influencia cubista produjo un realismo estilizado. Binder creó en 1939 el poster "New York World's Fair", con formas simples, refinadas, con esfera y obelisco como símbolos de luces de los modernos transportes, significa el movimiento vacilante de América dentro del modernismo y el poder global.

En 1939 hizo el poster para "Café helado" con reminiscencias cubistas. En él la materia se convierte en dominante y las cualidades del diseño en subordinadas.

Joseph Binder, con sus poderosas formas y bien definidas materias recordó el diseño americano hasta los años '60.

Sus posters para el reclutamiento miltar fueron incluídos dentro de la conciencia americana durante los años '50. Las formas geométricas y simbólicas del movimiento modernista, se convirtieron en masas monolíticas que fueron símbolos del poder militar y de los adelantos tecnológicos de una nueva era de sofisticados armamentos.

Científicos, autores, arquitectos, artistas y diseñadores europeos dejaron Europa a causa del nacismo y llegaron a Norteamérica durante los últimos años de la década del '30, artistas como Max Ernst, Marcel Duchamp y Piet Mondrian.

Los nazis cerraron el Bauhaus en 1933, Walter Gropius, Mies van der Rohe y Marcel Breuer trasladaron el movimiento de arquitectura funcionalista a América, y Herbert Bayer y Moholy-Nagy trajeron sus innovaciones al diseño gráfico.

Otros diseñadores gráficos que vinieron a América he hicieron significativas contribuciones al diseño de este país fueron: Herbert Matter, Jean Carlu, Ladislav Sutnar y Will Burtin.

Herbert Bayer y Moholy-Nagy en Estados Unidos:

Los posters que **Herbert Bayer** produjo durante y después de la guerra sorprendieron por sus cualidades ilustrativas, comparándolos con su constructivismo durante el Bauhaus en Dessau. Bayer giró su estilo hacia una ilustración pictórica combinada con la información.

Cuando se compara el poster de Bayer de 1949 para la investigación sobre la polio, con el poster de 1926 para la exhibición del aniversario de Kandinsky, uno descubre que estos diseños constituyen dos mundos diferentes.

En 1953, la Container Corporation publicó el **World Geo-Graphic Atlas**. **Herbert Bayer** fue el diseñador y editor de este volumen y trabajó cinco años en este proyecto, compuesto por 1200 diagramas, gráficos, cartas, símbolos y otras comunicaciones gráficas acerca del planeta.

La fotografía y tipografía de su período Bauhaus se habían transformado en ilustración y tipografía manuscrita, pero la integración de la imagen con la tipografía, la función comunicacional y el balance asimétrico se mantenían constantes.

Moholy-Nagy: patrocinado por la Asociación de Artes e Industrias, llegó a Chicago en 1937 y estableció el **New Bauhaus**. Cerró un año después por problemas financieros, pero Moholy actuó para abrir la Escuela de Diseño en 1939 respaldado por su espíritu e imaginación más que por los recursos económicos.

Tanto Moholy, como Carlu y Bayer encontraron dificultades para que comprendieran sus trabajos durante los primeros meses en América.

Chicago tenía una herencia arquitectónica proveniente del trabajo de Louis Sullivan y Frank Lloyd Wright. Mies van der Rohe llegó a Chicago para unirse a la facultad de Arquitectura del Instituto Armour de Tecnología (hoy Instituto Illinois de Tecnología).

Los trabajos para la Container Corporation of America.

Una figura relevante en el desarrollo del movimiento del diseño moderno en América en los años '30 fue **Walter Paepcke** (1896-1960) quien fundó la Container Corporation of America en 1926, pionera de la manufactura de fibra corrugada para contenerdores de embarques.

En 1936 Paepcke contrató a E. Jacobson como primer director del departamento de Diseño de la Container Corporation. Como con el programa de diseño para AEG de Peter Behrens, el nuevo logo y su implementación estaban basados en dos ingredientes: la habilidad del diseño visual del diseñador y las características del cliente. Jacobson tenía una vasta experiencia como colorista; una nueva marca fue diseñada.

En mayo de 1937 Cassandre fue comisionado para crear una serie de avisos para la Container Corporation. La imagen tradicional fue reemplazada por una visual dominante que contenía apenas una docena de palabras. En 1930 diseñó las tapas de **Harper's Bazaar**.

Herbert Bayer, Fernand Léger, Man Ray, Herbert Matter y Jean Carlu también diseñaron avisos para la Container Corporation.

Durante la segunda guerra, la **Container Corporation** inventó embalajes de cartón para reemplazar metales y otros materiales estratégicos para la guerra. La campaña de avisos "El cartón va a la guerra" continuó.

Cada aviso mostraba un uso específico del producto. Herbert Bayer, Jean Carlu y Herbert Matter junto a Jacobson colaboraron en ella.

Después de la guerra la Container Corporation, decidió buscar pintores nativos de cada uno de los 28 estados, para su campaña de avisos. Los artistas expresaron visualmente su estado o territorio.

En febrero de 1950 comenzó una nueva campaña que dio una actualización gráfica a los conceptos abstractos, y trascendió los límites de la publicidad con ideas acerca de la libertad, la justicia y los derechos humanos.

Herbert Matter (1907): estudió pintura en París con Fernand Léger, se interesó por la fotografía y el diseño. Fue asistente de Cassandre en el diseño de posters. En Suiza se dedicó a la organización visual y las técnicas tales como collage y montaje y aplicó sus conocimientos a la fotografía y el diseño gráfico. En sus posters del año 30 usa montajes, cambios dinámicos de escalas y efectiva integración de la tipografía y la ilustración. Las imágenes fotográficas se convierten en símbolos pictóricos que crean una nueva relación entre sus elementos.

Matter fue pionero en los contrastes de escala y la integración del color con fotografía en blanco y negro. En 1934 realizó el poster para Engelberg donde combina planos, colores y cambios de escala.

En 1935 en su poster de viaje por Suiza proclama que todos los caminos conducen a Suiza. Tiene 3 niveles de información fotográfica (blanco y negro) combinada que dan una idea de espacio dinámico encerradas entre un cielo azul y tipografía roja.

En 1936 H. Matter llega a los Estados Unidos. Realiza trabajos para **Vogue**, **Fortune** y **Harper's Bazaar**, además de la Container Corporation.

En 1948 realizó avisos "en negro y amarillo" para las sillas de plástico moldeado por **Eero Saarinen**, notables por su composición dinámica y biomórfica.

Durante los años '50 Matter se inclinó hacia las soluciones más puras por medio de la fotografía después de un cuarto de siglo de integración de elementos gráficos y fotográficos.

George Giusti (1908): trabajó en Italia y en Suiza antes de ir a Nueva York en 1938 para abrir una oficina de diseño. Tenía una gran habilidad para reducir formas e imágenes a su más simplificada y mínima esencia. Sus imágenes se convirtieron en iconográficas y simbólicas. Recibió frecuentes encargos de las revistas **Holiday** y **Fortune** para diseñar sus tapas. Holiday llamó a Giusti para captar la esencia de Roma, Alemania e Inglaterra para eventos especiales.

Fortune comisionó a Giusti para realizar diseños para la industria camionera con elementos gráficos. Fueron usados sus diseños en campañas de propaganda, particularmente industrial.

Ladislav Sutnar:fue a New York en 1939 como director de diseño para el Pabellón Checoslovaco en la Feria del Mundo de New York. Definió el diseño informacional como una síntesis de función y forma.

Will Burtin (1908-1972): llegó de Alemania a los Estados Unidos en 1938. Fue el diseñador del esfuerzo americano en la guerra; después director de arte de Fortune desde 1945 a 1949. Creía que la comunicación visual debía estar basada en 4 principios reales: el hombre como medida y medidor; la luz, el color y la textura; el espacio, el tiempo y el movimiento; y la ciencia.

La experiencia americana fue gratamente enriquecida por la presencia de los diseñadores europeos.

La escuela de Nueva York:

Como vimos, la primera "ola" del diseño moderno en América fue importada desde Europa por inmigrantes que huían del totalitarismo.

Así como París había sido la ciudad más democrática en el mundo con gran receptividad para las nuevas ideas e imágenes durante los últimos años del siglo XIX y comienzos del XX, Nueva York asumió este rol durante la mitad del siglo XX. Se convirtió en el centro cultural del mundo. Los primeros pasos hacia un diseño gráfico original en América fueron dados durante los años '40.

El diseño europeo fue estructurado teóricamente; el americano fue pragmático, intuitivo, más informal en su aproximación a la organización del espacio.

Los Estados Unidos constituyen una sociedad con actitudes y valores

Paul Rand: Poster para el film: "No way Out", 1950.

Paul Rand: Tapa de libro, 1947.

Paul Rand: Tapa de libro, 1953.

pragmáticos, tradiciones artísticas limitadas y una diversa herencia étnica, donde los diseñadores quisieron simultáneamente resolver problemas comunicacionales y satisfacer una necesidad de expresión personal. Esta era del diseño gráfico americano, comenzó con fuertes raíces europeas durante los años '40, ganando prominencia internacional durante los años '50 gracias a sus originales puntos de vista, y continuando hasta hoy. Ha sido llamada Escuela Americana de Expresionismo Gráfico por el diseñador Herb Lubalin.

Paul Rand y su trabajo pionero (1914):

Paul Rand inició una aproximación al diseño moderno. A los 23 años comenzó como diseñador y promotor editorial para Apparel Arts, Esquire, Ken, Coronet y Glass Packer. Sus tapas de revista rompieron con el diseño tradicional. Un fuerte conocimiento del movimiento moderno, particularmente del trabajo de Klee, Kandinsky y los Cubistas condujeron a Rand a las formas libres simbólicas y expresivas.

Su habilidad para manipular la forma visual (forma, color, espacio, línea, valor) y un análisis de los contenidos comunicacionales reducidos a su esencia simbólica, permitieron a Rand convertirse en una marcada influencia. Usaba collage y montajes.

"Thoughts on Design" su libro ilustrado (1946) con más de 80 ejemplos de su trabajo inspiró a una generación de diseñadores. Para el diseño de tapa un fotograma fue creado haciendo varias exposiciones de un ábaco, puesto en un papel fotográfico en un cuarto oscuro. Esto se transforma en una metáfora del proceso de diseño (elementos móviles alrededor de una composición espacial) y proporciona un registro visual de este proceso.

En "No way out" poster para un film (1950) el lenguaje de diseño de P. Rand (integración fotográfica, tipografía e imágenes gráficas, logrando activas formas en pasivos espacios blancos) está en marcado contraste con los poster convencionales de films hechos en fotografía. Sus colaboraciones con Bill Bernbach se convirtieron en prototipo.

Paul Rand comprendió el valor de los signos y símbolos ordinarios como herramientas para la traslación de ideas dentro de la comunicación visual.

Sensuales contrastes visuales marcan su trabajo, jugando el rojo contra el verde, formas orgánicas contra geométricas, tonos fotográficos contra colores planos, formas contorneadas contra formas punzantes y las texturas frente a márgenes blancos. Rand define al diseño como la integración de la forma y la función para una comunicación efectiva.

Capítulo VII

El fenómeno de la publicidad a partir de los años '50

Los pioneros:

Uno de los sucesores de Paul Rand fue **Saul Bass** (1921) quien llevó la sensibilidad de la escuela de Nueva York a Los Angeles. Nació en Nueva York y trabajó allí hasta 1950, cuando se trasladó a California. Dos años después abrió su propio estudio.

El uso de las sombras y el manejo asimétrico en la gráfica de Paul Rand fue una importante inspiración para Bass. Pero mientras Rand hacía composiciones con complejos contrastes de sombras, color y texturas, Bass frecuentemente reducía el diseño a una sola imagen dominante, usualmente centrada en el espacio.

Tenía gran habilidad para identificar el núcleo de un problema de diseño, esto se observa en signos que poseen gran poder gráfico.

Saul Bass no usó la complejidad visual de la gráfica americana; redujo la comunicación a una simple imagen pictórica.

Formas recortadas de papel y dibujadas con pincel, dibujos libres, decorativas formas de letras son usados en sus trabajos como también la tipografía y la escritura manuscrita. Hay una fuerte energía en sus diseños y gran calidad en su ejecución.

El primer diseño de programa para una película que unificara la impresión y el medio gráfico fue en 1955 para "The man with the golden arm". Era una secuencia cinética de barras y tipografía animadas en continua sincronización con la música de jazz. Estas combinaciones y síntesis de formas fueron llevadas al área de los gráficos impresos.

En 1960 Bass realiza el programa de la película "Exodus". La marca se utilizó como publicidad, incluyendo diarios, revistas, anuncios, posters, etc.

Además de la gráfica para films que lo hicieron famoso, creó numerosos diseños para la identidad de corporaciones.

Alvin Lusting (1915-1955) incorporó su visión subjetiva y símbolos privados al diseño gráfico. Se dedicó a la arquitectura, diseño gráfico y diseño de interiores, creando diseños geométricos abstractos.

Lusting, en sus diseños capturaba la esencia de los contenidos dentro de sus símbolos. Trataba la forma y el contenido como una sola unidad.

Creía en la importancia de la pintura para el diseño y en la educación a través del diseño. Consideraba a la investigación de los artistas de símbolos privados como fuente para los símbolos públicos creados por diseñadores.

En 1950 se dedicó a la enseñanza del diseño. En 1954 se volvió totalmente ciego, pero siguió enseñando hasta su muerte.

Dentro de sus obras encontramos diseños para tapas de libros, discos, etc.

Saul Bass: Símbolo para la película: "The man with the golden arm", 1955.

Saul Bass: Poster para la "Exodus", 1960.

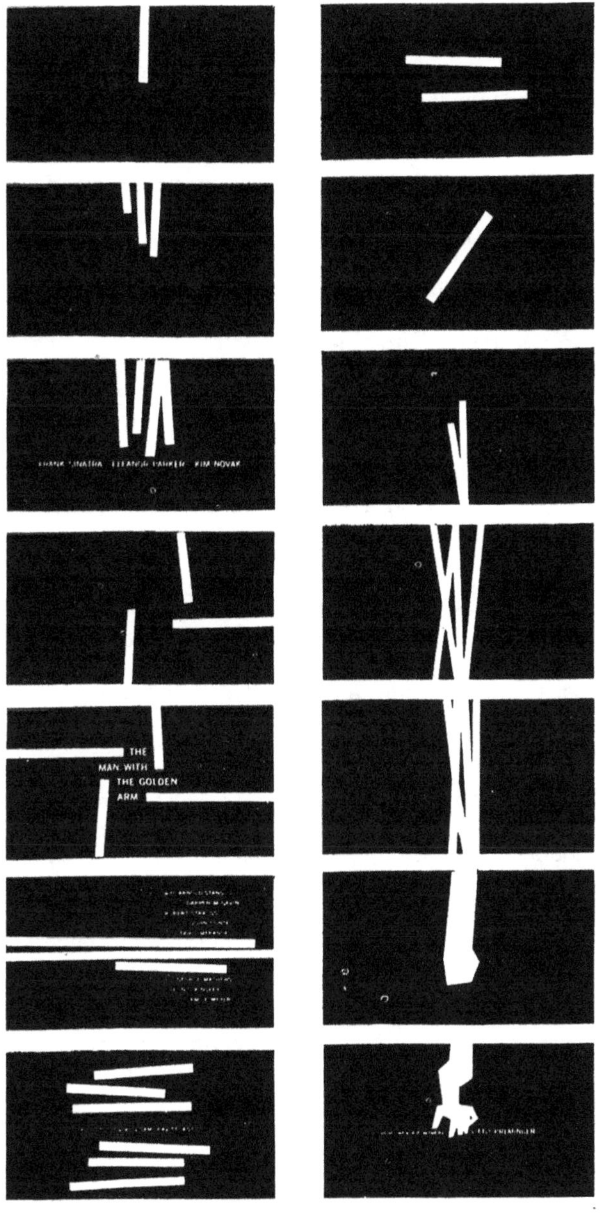

Saul Bass: Elementos de diseño gráfico para la película: "The man with the golden arm", 1955.

En "27 wagons full of cotton" (1949) una delicada flor de magnolia está clavada brutalmente en un tosco desviadero. Estos contradictorios símbolos fotográficos representan la subyacente violencia y odio detrás de la civilizada fachada de los negocios humanos. Lusting comprendió la fragilidad del espíritu humano y la brutal fuerza ambiental articulada en los trabajos de Tennessee Williams.

Bradbury Thompson (1911) emergió como uno de los influyentes diseñadores de la post-guerra en América.

Después de graduarse en su ciudad natal Topeka, Kansas, en 1934, se dedicó a imprimir sus diseños por varios años antes de mudarse a Nueva York. Sus diseños para "Westvaco Inspirations" entre 1939 y 1961, produjeron un gran impacto. Las formas de letra de la palabra "Westvaco" están usadas para construir un rostro que guiña un ojo, expresando la estilizada geometría de las máscaras africanas. La fotografía se prestó para ser usada como una pintura de prueba. La creatividad de Thompson era frecuentemente una respuesta tipográfica.

Su conocimiento sobre impresión y fundición de caracteres tipográficos, combinado con su espíritu aventurero hicieron que aumentaran las posibilidades del diseño. Thompson usó la caja de tipos para imprimir como su caballete de diseño y segundo estudio.

El proceso de los cuatro colores con planchas fue usado por Thompson para crear diseños y nuevos colores a través de la sobreimpresión, así como también utilizó sombras profundas para dar mayor contraste en una página.

Descubrió y exploró el potencial de los grabados de los siglos XVIII y XIX como recursos para el diseño.

Thompson poseía una gran habilidad en el manejo de organizaciones complejas. Durante 1960 y 1970 se volcó al diseño de libros y formatos editoriales.

George Tscherny (1924) nació en Hungría pero emigró a los EEUU siendo muy joven, y allí recibió la primera educación visual.

Fue jefe del departamento de diseño gráfico para la George Nelson & Associates, antes de abrir su propio estudio de diseño en 1956. Por 25 años trabajó como diseñador independiente. Tenía gran habilidad para encontrar la esencia de cada tema y expresarlo en términos simples: los resultados son elegantes, sin detalles de más. Sus técnicas para salvar problemas de diseño incluyen la tipografía pura, fotografía, caligrafía simple dibujada y sombras que recortaba de papeles de colores.

En Tscherny es constante el proceso de reducir los contenidos complejos a un símbolo gráfico elemental, expresando lo más importante del tema, como por ejemplo en su diseño de tapa para un programa de danza en 1958, con dos piezas de papel cortado Tscherny capturó a la renombrada bailarina moderna Martha Graham en una de sus clásicas poses.

El fenómeno Bernbach:

La década del '40 fue muy deslucida en publicidad: se repetían anuncios e ideas, predominaban los testimonios de artistas y exclamaciones exageradas. Sólo hubo ocasionales diseños bien realizados.

Alvin Lustig: Tapa para "27 wagons full of Cotton", 1949.

Bill Bernbach: Anuncio para promocionar lámparas.

Bradbury Thompson: Páginas de "Westvaco Inspirations", 1958.

En junio de 1949 se abrió una nueva agencia de publicidad, la "**Doyle Dane Bernbach**" en la ciudad de Nueva York, con un equipo de trece personas y con casi un millón de dólares en cuentas de clientes. **Bill Bernbach** (1911-1982) tenía la responsabilidad del área creativa, y el grupo inicial estaba formado por Bob Gage, director de arte y Phyllis Robinson, redactor.

Bernbach integró palabras e imágenes de una nueva forma, estableció una estrecha relación entre la parte visual y verbal. Elevó al director de arte junto al redactor de arte. Una idea debía ser la totalidad de estas dos partes: la palabra y la imagen se funden en una expresión conceptual de una idea, son interdependientes.

Como el concepto es lo dominante, el diseño de varios avisos se reduce a los elementos básicos, necesarios para lograr el mensaje.

En los Estados Unidos muchos redactores y directores de arte, que participaron en pequeñas agencias con mayor énfasis en la creatividad que en los servicios de marketing, desafiaron el dominio del monopolio de las grandes agencias durante la floreciente creatividad publicitaria de los '60.

Después de la Segunda Guerra Mundial, la televisión comenzó su espectacular crecimiento como medio publicitario. En los principios del '60 se convirtió en el segundo medio de comunicación y publicidad (después de los diarios).

Los directores de arte se volcaron al diseño de comerciales para televisión. Se hicieron públicas las técnicas cinemáticas. La nueva publicidad persuadía vendiendo técnicas y apelando a las emociones.

Pero Bernbach decía que no existen reglas, sólo creatividad. Su agencia se basaba en ser original, tener ideas nuevas y hacer anuncios que caigan dentro del 13% que la gente mira y recuerda.

Insiste en que el publicitario debe ligar la propuesta de compra al recurso creativo de modo que el impacto que éste pueda dar sea el principal argumento de venta del producto.

Debe haber equilibrio, pero con libertad. En un anuncio de Bernbach para promocionar lámparas nuevas, se ve un escobillón barriendo un montón de lámparas rotas, y el anuncio dice: "Son tan buenas que las anteriores pueden romperse y barrerse".

Bernbach sostiene que si un ser es esclavo del conocimiento, está inmovilizado, todo proviene de la imaginación. Siempre hay que decirle la verdad al consumidor, hay que decirla de manera convincente, reformularla. Siempre se debe respetar al consumidor.

En su agencia se realizaron: una propaganda para una institución para el cuidado de los ojos (1963), con una fotografía grande, fuera de foco, para comunicar gráficamente los problemas de la visión y también el famoso "Think Small" (1960) para Volkswagen.

Su teoría de la creatividad por la creatividad lo colocó en el puesto duodécimo del ranking mundial.

En definitiva, Bernbach considera que no existen reglas para la formulación de un anuncio, que los conocimientos surgen sólo de la imaginación, que la verdad es lo que mejor funciona en la vida y que se debe tener respeto hacia el consumidor.

Doyle, Dane, Bernbach: Apelación comercial para Whisky.

Bernbach: Aviso para automóviles "Think Small".

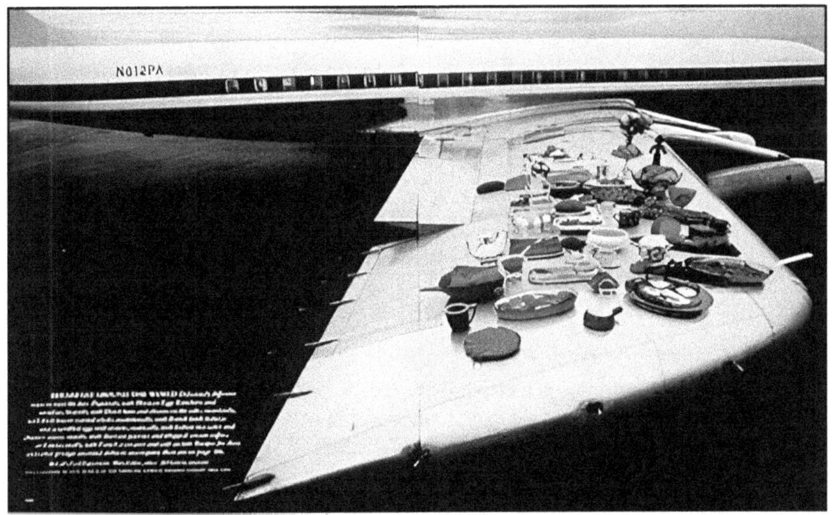

Otto Storch: Páginas de McCall's para un artículo de "Breakfast around the world", 1965.

Las lecciones de Ogilvy:

Ogilvy nació en Inglaterra en 1911. En 1948 viajó a Nueva York y conforma la agencia "**Ogilvy, Benson and Maden**" en 1949. Actualmente es la tercera agencia de publicidad en EEUU, tiene noventa oficinas en el mundo y 3300 millones de dólares de facturación en 1985.

Es el autor de "Confesiones de un publicitario", uno de los libros más famosos en el campo publicitario. En esta obra Ogilvy establece once puntos que él llama "recetas para hacer una buena campaña de publicidad". Estas son, en forma muy resumida:

.- Lo que se dice es más importante que todo lo demás.
.- Al menos que la campaña se base en una gran idea, no hay duda que se vendrá abajo.
.- No se puede cansar al posible consumidor bombardeándolo con mensajes. La mujer media no se detiene normalmente en más de cuatro anuncios de cualquiera de las revistas que lee habitualmente.
.- Hay que tener buena educación y no hacer el payaso.
.- Debe hacerse una publicidad contemporánea. Por ello Ogilvy recomienda para ciertas campañas redactores jóvenes que sean capaces de dirigirse a una pareja joven desde su misma mentalidad.
.- Los comités pueden criticar los anuncios, pero no redactarlos. Redactar un texto es una labor individual y a puerta cerrada. Ogilvy comenta que su mejor anuncio pasó por diecisiete borradores.
.- Si se tiene la suerte de acertar con un buen anuncio, hay que repetirlo hasta que deje de interesar. Hay anuncios que dejaron de publicarse bastante antes de haber perdido su eficacia, sencillamente porque los anunciantes se cansaron de verlos.
.- No hay que redactar nunca un anuncio que nos desagradaría que leyese nuestra propia familia "Ustedes no se atreverán a decir mentiras a su propia esposa, no se las digan a la mía, por favor".
.- La imagen y la marca: cada anuncio debe ser estudiado como una contribución a un símbolo tan complejo como la imagen de una marca. Esta idea dio lugar a toda una escuela publicitaria: la de la "imagen de marca" (toda empresa o producto es vista por quienes la conocen o consumen de una determinada forma; esta idea dominante o la que la propia empresa promociona constituye su imagen de marca).
.- Nada de plagios. Nadie ha forjado jamás una marca imitando la publicidad de otra.

Estos y otros principios permitieron a la Ogilvy-Benson and Maden convertirse en la cuarta agencia del mundo en apenas quince años, lo que constituye uno de los éxitos de la historia de la publicidad.

Los grandes fotógrafos:

Alexey Brodovich comenzó dando clases de diseño editorial en su casa

Henry Wolf: Tapa para "Harper's Bazaar", 1959.

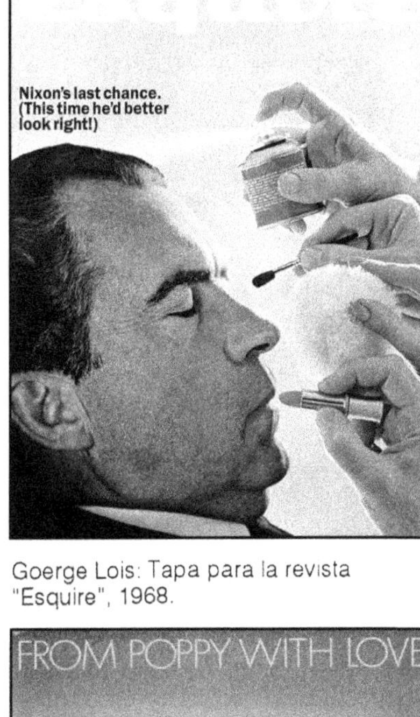

Goerge Lois: Tapa para la revista "Esquire", 1968.

Milton Glaser: Poster para "Bob Dylan", 1967.

Milton Glaser: Poster para "Poppy Records", 1968.

y luego trabajó en la nueva escuela de Investigación Social durante 1940 y principios de 1950. Su obra tuvo gran impacto en una generación de diseñadores editoriales y fotógrafos de 1950. Fue la gran época del diseño editorial.

Storch estudió con Brodovich y fue nombrado en 1953 director de arte de Mc Call's (publicación para mujeres), donde la fotografía se unificó con la tipografía. Storch y los fotógrafos que trabajaban con él buscaban producir fotos que fueran inesperadas y poéticas. Fue uno de los innovadores de su época. Su filosofía acerca de que la idea, el arte, la impresión y la tipografía debían ser inseparables en el diseño editorial tuvo mucha influencia en la gráfica editorial y publicitaria.

En 1965, para una publicación de "Mc Calls" sobre un artículo de "breakfast around the world", fotografió comida sobre el ala de un avión de una línea internacional.

En 1967, después de 15 años como director de arte de "Mc Calls" renunció para concentrar todo su tiempo a la fotografía editorial y publicitaria.

Como Storch, **Henry Wolf** (1925) estudió con Brodovich y rediseñó el formato de la revista "Esquire" con gran énfasis en el uso de los espacios blancos y grandes fotos. Cuando Brodovich se retiró como director de arte de "**Harper's Bazaar**" en 1958, Wolf lo reemplazó. Experimentó con tipografía y tenía sofisticación e inventiva en el uso de la fotografía. El diseño que en 1959 Wolf realizó para la tapa de "Harper's Bazaar" con una imagen refractada es un ejemplo de sus típicas soluciones imaginativas a los problemas ordinarios de diseño.

Otro gran fotógrafo fue **George Lois** (1932), que fue director de arte de la Doyle, Dane, Bernbach durante los últimos años de 1950. La energía y esfuerzos que realizó para vender sus trabajos se convirtieron en tácticas legendarias. Adoptó la filosofía de Bernbach, que integraba conceptos visuales y verbales como vitales para que un mensaje tuviera trascendencia. Escribió que "un director de arte debía tratar las palabras con la misma dedicación que a los gráficos porque los elementos verbales y visuales de la comunicación moderna son indivisibles como la letra y la música de una canción".

Como Bernbach, sus diseños son simples y directos. A los 28 años dejó a Bernbach para co-fundar "Papert, Koenig and Lois".

En 1962, la revista "Esquire" estaba en grandes problemas, había sido la revista del hombre en América, pero la joven audiencia estaba en ese momento leyendo "Playboy".

El editor de "Esquire" pidió a Lois que desarrollara diseños efectivos para las tapas de las revistas; cuando ya la revista estaba casi en bancarrota. Lois optó por hacer que los motivos de la tapa capturaran al lector con comentarios de los artículos de sus páginas internas. Durante la siguiente década Lois diseño cerca de 92 tapas, muchas en colaboración con el fotógrafo Carl Fischer (1924). Estas tapas ayudaron a captar la audiencia nuevamente y en 1967 "Esquire" ganó tres millones de dólares de ingresos.

Fischer y Lois usaron combinaciones inesperadas, montajes de imágenes y fotografías que sirvieron para intensificar un tema o para hacer motivos satíricos.

Lois persuadía a la gente con el poder de las imágenes. Cuando Richard Nixon montó su segunda campaña como presidente, en 1968, Lois combinó la

Milton Glaser: Poster para "The Shadowlight Theatre", 1964.

fotografía del candidato con cuatro manos dispuestas a maquillarlo antes de una aparición en T.V. para una tapa de la revista "Esquire". Esto demuestra la audacia de Lois.

Luego fue llamado por uno de los hombres de Nixon, acusándolo de que atentaba contra su masculinidad. Casi todos los conceptos innovadores de Lois, respondieron a personas y eventos de su época.

Milton Glaser y el Push Pin:

Aunque la fotografía desplazó la función tradicional de la ilustración, la creación de imágenes narrativas y descriptivas hizo que la ilustración emergiera nuevamente.

Esta ilustración más conceptual surgió con un joven grupo de artistas gráficos de Nueva York. **Seymour Chwast** (1931), **Milton Glaser** (1929), **Reynolds Ruffins** (1930) y **Edward Sorel** (1929), se unieron y formaron un estudio de diseño.

Después de graduarse M. Glaser, en 1951, recibió una beca para estudiar con Morandi en Italia. S. Chwast, E. Sorel y R. Ruffins comenzaron a trabajar en publicidad en Nueva York. Para su propia publicidad, realizaron una publicación llamada "The Push Pin Almanac", que aparecía cada dos meses, con interesante material editorial de antiguos almanaques ilustrados por el grupo.

Cuando Glaser volvió de Europa en 1954, se formó el estudio "**Push Pin**". Después de un tiempo Ruffins abandonó el estudio y se convirtió en un prominente ilustrador de libros para chicos. También Sorel, en 1938, se separó y se convirtió en el mejor dibujante satírico-político de su generación. Chwast y Glaser mantuvieron el estudio por dos décadas. El "Push Pin Almanac" se transformó en la "Push Pin Gráfica" y esta revista experimental se convirtió en una fuente de nuevas ideas. La filosofía, técnicas y visiones personales del Push Pin tuvieron un gran impacto.

El diseño gráfico que muchas veces era fragmentado en diversas partes componentes, con Glaser y Chwast fueron unidas esas partes formando una comunicación total, transmitiendo la visión individual del creador.

Se inspiraron en la historia del arte, desde la pintura renacentista hasta los libros humorísticos con imágenes e ilustraciones. El "Push-Pin" utilizó estos recursos pero reinventando nuevas e inesperadas formas.

Durante muchas décadas Glaser fue reinventando y explorando nuevas técnicas y motivos. Incorpora la ilustración al diseño gráfico a través de una nueva manera de ver y representar.

En 1960 Glaser diseñó dibujos esquemáticos para libros humorísticos. Realizó dibujos curvilíneos y con flores típicamente persas, con arabescos de Art Nouveau, con colores planos característicos de los japoneses, indagando también en el contemporáneo y dinámico Pop-Art. Sus trabajos capturaban la sensibilidad de la época. Glaser fue muy imitado por su habilidad en innovaciones conceptuales.

A fines de los '50, inspirado por la caligrafía oriental y por las aguatintas de Picasso, comenzó a realizar dibujos de siluetas gestuales, sugiriendo al espectador el tema e invitándolo a usar su propia imaginación. Un ejemplo de esto es

Seymour Chwast: Página para "The Push Pin Graphic", 1976.

Herb Lubalin: "Año 72".

Herb Lubalin: Logo para una publicación "Mother and child", 1967.

Herb Lubalin: Poster "Marriage", 1965.

"The shadowlight Theatre" un poster de 1964: sobre un fondo oscuro las figuras se ven en tonalidades que van de amarillo-verde a rojo y a marrón, realizado en aguatinta.

En los diseños gráficos de temas musicales (posters de conciertos y álbunes), tuvo gran habilidad para combinar su visión personal con la esencia del contenido. En 1967 hizo el poster de Bob Dylan, realizándose cerca de seis millones de copias. El poster es la silueta del perfil de Dylan en negro y el pelo en brillantes colores.

En 1968 diseñó un poster para "Poppy Records" (una amapola surge de un cubo de granito, rajándolo). Simboliza que esta nueva compañía rompía con las convenciones monopólicas de la industria del disco.

Al estudio "Push-Pin" se unieron cerca de veinte gráficos de primera línea, entre diseñadores e ilustradores. El "Push Pin Style" era la unidad de las técnicas visuales e imágenes. Significaba la habilidad de integrar el mundo de las imágenes en un todo decorativo.

La escuela Push Pin de ilustración, gráfica y diseño recreó alternativas con la ilustración del pasado, con la orientación matemática y objetiva en el manejo de la tipografía y fotografía del estilo tipográfico internacional.

El "Push Pin" era accesible y su diseño proyectaba vitalidad. No constituyó un monopolio en la imagen conceptual de América: a través de un gran número de voces independientes forjó una personal aproximación a la resolución de problemas comunicacionales, combinando la tradicional conceptualización y labor del diseñador gráfico con la imagen y el rol del ilustrador.

Herb Lubalin (1918-1981):

Nació en Nueva York y se graduó en la Cooper Union Art School en 1939. Allí se enamoró de la tipografía, llegando a alcanzar grandes efectos en el mundo de los avisos y el diseño gráfico. Sostenía que un director de arte debía conocer las características fundamentales de cada tipo de letra para poder elegir correctamente.

Demostró la elasticidad de la letra: la expandía, la condensaba, la rompía o la rediseñaba. Fue un innovador y artesano. Frecuentemente se lo mencionaba como el líder de "la nueva tipografía" y fue nombrado director de arte del año

Consideraba que el diseño era parte de un todo y no un fin. Lubalin tenía ideas profundas que luego las cargaba de significados.

Su concepción acerca del diseño gráfico era que "la idea precede al diseño" y así lo representó en su obra tipográfica. Los trabajos de Lubalin tienen exquisitez y gran impecabilidad y el mensaje está inmerso en cada imagen tipográfica.

Sentía la responsabilidad de educar al consumidor en función de la calidad del producto y mediante la estética de la buena gráfica. Trabajó sobre cada elemento tipográfico: serifs, astas ascendentes y descendentes, interlineados, revalorizando antiguos manuscritos caligráficos o rediseñando.

En sus mensajes no hay ambigüedades: unió la claridad representativa de las imágenes con la claridad conceptual de las palabras. Convirtió palabras y letras en imágenes, y a las imágenes las podía convertir en una palabra o letra.

Un fuerte mensaje hacía que transformara las palabras como "Marriage" y "Mother and Child" en ideogramas del tema, incorporándoles refuerzo semántico.

En1960, H. Lubalin se dedicó al diseño editorial. Trabajó en el "Saturday Evening Post" y en 1962 se unió al diario "Eros" que tenía 96 páginas y su libre formato permitió a Lubalin explorar distintas escalas, espacios blancos y torrente visual.

Trabajó en la revista "Fact" y en la "Avant Garde". En ésta última Lubalin hizo grandes innovaciones. Su logo está compuesto por extraordinarias ligaduras entre las letras que fueron desarrolladas en la familia tipográfica del mismo nombre.

Lubalin se unió a Edward Rondthaler (pionero en la fototipografía) y al tipógrafo Aaron Burns, estableciendo la "International Typeface Corporation" en 1970.

Treinta y cuatro familias tipográficas y sesenta muestras adicionales de diseños fueron expuestos y aprobados durante la primer década de I.T.C.

Con Lubalin como director de arte, I.T.C. editó la "U&LC" para publicar y mostrar sus diseños. Le dio a la publicación un complejo y dinámico estilo de tabloide, que junto a la popularidad de I.T.C., hicieron que impactara en el diseño editorial.

Capítulo VIII
Diseño gráfico en Ulm

Alemania en la posguerra:

Alemania, más que cualquier otra nación, evidencia en 1945 las profundas heridas que habían producido en la vida social, cultural y artística del país más de diez años de nazismo y las desastrosas consecuencias de la Segunda Guerra Mundial (1939-1945).

Después de 1933 (año que marca el cierre del Bauhaus) toda actividad en el terreno del diseño y del arte se redujo a episodios de escasa significación y, en tanto que muchos artistas buscaban en otros países la libertad de expresión que se les negaba en la patria, los pocos que quedaron trabajaban secretamente en medio de dificultades y obstáculos de todo género.

Cuando se llega a la paz, el balance de la actividad artística es bastante escaso. Muchas grandes personalidades han perdido la vida durante el conflicto, otras han encontrado una nueva patria en países lejanos y no piensan regresar, y los jóvenes que han crecido en el clima nefasto del nazismo se esfuerzan por recuperar el entusiasmo y la energía suficientes para recobrar el tiempo perdido y colocarse nuevamente en lo vivo del debate artístico europeo.

Pero no todo ha sido destruído: la gran lección de un pasado aún reciente (los primeros treinta años del siglo que vieron a Alemania, junto a Francia en la vanguardia de los movimientos artísticos europeos) y el espíritu del Bauhaus, vuelven a descubrirse pronto.

La Hochschule Für Gestaltung (HFG) de Ulm:

En 1945, Inge Scholl (1920), alemana de origen judío, promueve la creación de un instituto de diseño, en homenaje a sus dos hermanos muertos en la guerra. Se casa con **Otl Aicher**, joven diseñador alemán nacido en 1922 en Ulm.

Entre 1945 y 1950 se desarrolla la creación de una escuela de alto diseño: Aicher, en 1947, escribe el primer borrador de un programa para una Hochschule für Gestaltung (HFG).

Inge Scholl, a través del "Plan Marshall", obtiene apoyo económico de los Estados Unidos, y también del gobierno alemán. De este modo se concreta la creación de la escuela.

Scholl llama a **Max Bill** arquitecto suizo que había trabajado en los últimos años del Bauhaus, para que se haga cargo de la dirección de la escuela, retomando así la tradición racionalista del Bauhaus.

Tomas Maldonado (1922), a pedido de Bill se une a la escuela, en 1954. Coincidía con Bill en que "la salvación de la sociedad está a través del arte". Aicher formaba parte del equipo organizador de la HFG y ese mismo año es pro-

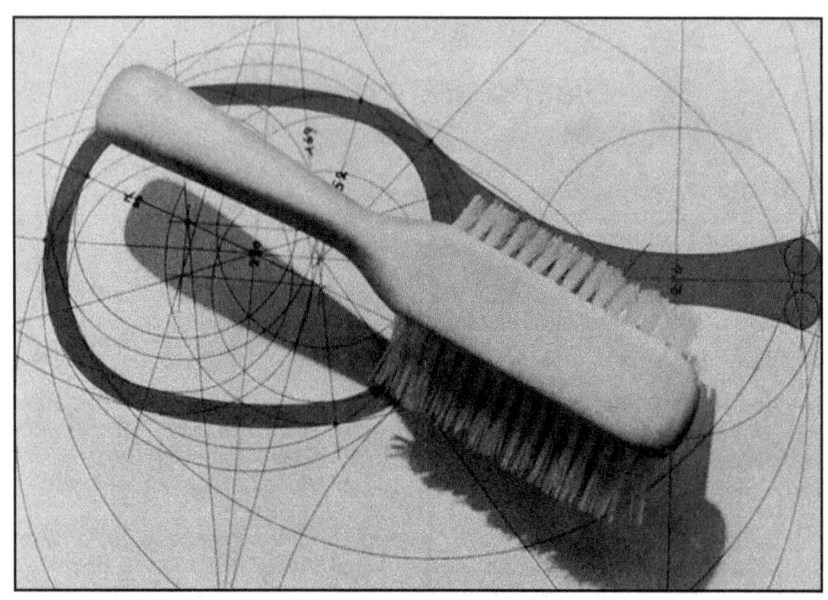

Max Bill: Cepillo para el cabello, 1948.

Braun. Encendedor de mesa.

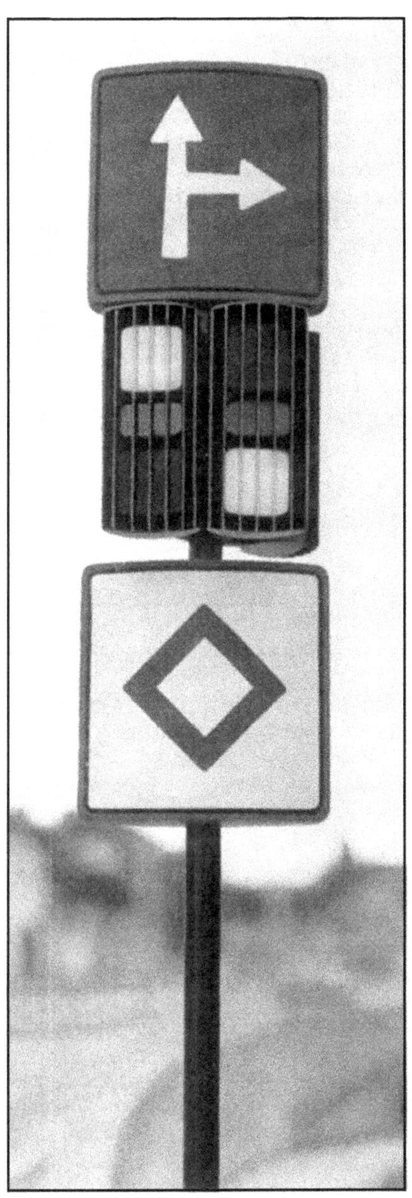

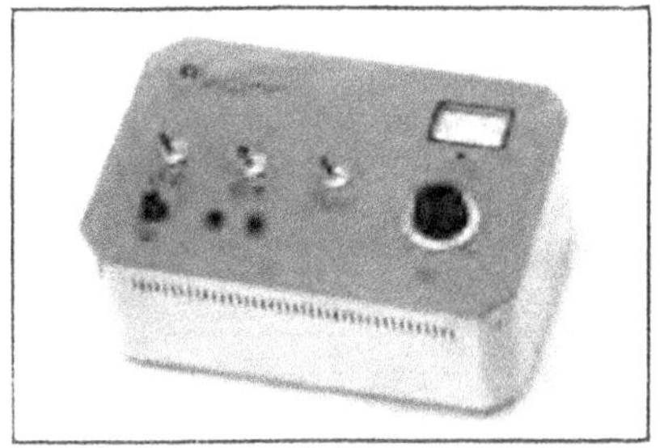

Tomás Maldonado: Aparato de electro-medicina "Erbe", Ulm, 1960.

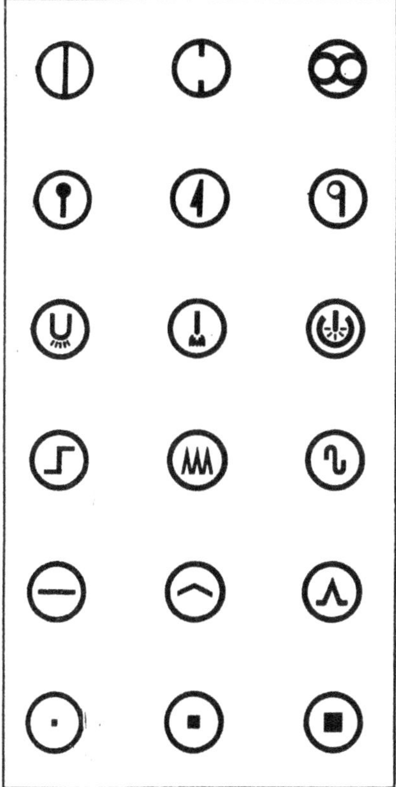

Richard Scharer: Señal de control de tránsito "Hochschule Für Gestaltung", Ulm, 1967.

Sistema de signos elaborado para la señalización en equipos de medicina "Erbe", 1960.

fesor de la escuela en el departamento de comunicación visual.

"La escuela (afirmaba Bill) es la continuación del Bauhaus. Y se le añaden nuevas tareas que hace veinte o treinta años, no se consideraban tan importantes como ahora en el campo de la proyectación".

Max Bill aspiraba a una Hochschule für Gestaltung capaz de desarrollar, con todos los enriquecimientos del caso, la orientación estético-formal del Bauhaus. Pero esta orientación presentaba aspectos demasiado vulnerables para constituir, por sí misma, la fuerza motriz del nuevo instituto. Es decir se admite, en principio, la tesis de la continuación, pero solamente luego de una severa comprobación de la actualidad de sus presupuestos didácticos, culturales y organizativos.

Esta exigencia lleva a una situación bastante anómala, y ciertamente paradójica. Ya está funcionando un excelente edificio con aulas y talleres perfectamente instalados, ya hay un primer grupo de docentes y estudiantes, y de pronto se descubre que la validez del modelo elegido (el Bauhaus) todavía queda por demostrar.

La ambigüedad de tal situación determina un clima de impaciencia y de inaceptabilidad recíproca entre sus protagonistas. Surgen antagonismos ideológicos y Max Bill, en 1956, se ve obligado a dejar el cargo de rector.

Tomas Maldonado asume la rectoría de la escuela. Introduce en los cursos estudios acerca de semiología aplicada al diseño gráfico y diseño industrial. Es el gran pensador del diseño industrial y durante su rectoría recibe la "Gold Medal".

De 1955 a 1956 dicta el curso fundamental de la HFG, acerca de diseño gráfico y diseño industrial.

Tomás Maldonado dirige la publicación de la HFG, la gráfica es responsabilidad de **Tomas Gonda** (1925), diseñador y pintor nacido en Budapest.

En los años cincuenta, los docentes de la Hochschule für Gestaltung y Otl Aicher, hacen una aportación decisiva a la elaboración de la línea de los productos "Braun", de Frankfurt. De ahí se desarrollará el llamado "estilo Braun". Mientras que el "estilo Olivetti" buscaba siempre la unidad en la variedad, el "estilo Braun" es un ejemplo de búsqueda de la unidad en la unidad. No existe un caso parecido en toda la industria contemporánea.

En 1967 la HFG no cuenta con el apoyo de las fuentes que hicieron posible su creación y surgen graves dificultades al negársele los fondos. Un año después se cierra la escuela, en abril aparece su última publicación, simbólicamente su portada era negra.

Con la partida de Max Bill, cambia sustancialmente el plan de estudio, que refleja la importancia atribuida, en el nuevo concepto, a las disciplinas científicas y técnicas. Cambia el planteamiento didáctico del curso fundamental, que intenta reducir al mínimo aquellos elementos de activismo y formalismo heredados de la didáctica del Bauhaus. Cambia también el programa del departamento de diseño industrial, que se orienta definitivamente hacia el estudio y la profundización de la metodología de la proyectación. Lo que más tarde se llamará el "concepto Ulm", y que ejercerá una profunda influencia en todas las escuelas de diseño industrial del mundo, deriva precisamente de estos cambios.

Capítulo IX

El diseño corporativo y los sistemas de identificación visual

Origen de los sistemas de signos en la señalización vial:

El desarrollo del sistema de señales de circulación tienen que considerarse en el marco global del desarrollo de las fuerzas productivas y de tráfico. En una etapa de desarrollo "primitiva" viajantes y cazadores señalaban sus caminos con signos sobre rocas y en árboles. Los romanos conocían ya las columnas miliares en sus redes de vías. Con la caída del Imperio, la construcción de carreteras y con ellas la señalización de caminos experimentó una regresión.

En el siglo XVII se mencionan señalizaciones de cruces y bifurcaciones de caminos por medio de cruces, postes o manos indicadoras. Con la aparición del correo se acrecientan las señalizaciones que tenían que ser leídas por un jinete a caballo.

En el siglo XIX la construcción de carreteras cobró un nuevo impulso gracias a las nuevas técnicas de Mc Adam y Telford, y a la invención de la apisonadora. Tras inventarse la bicicleta se formaron las asociaciones de ciclistas para cuyos socios se colocaron las primeras señales de aviso en las carreteras escarpadas.

Sin embargo, la verdadera historia de las señales de circulación empieza con la invención y difusión del automóvil. Ya en 1895, el Touring Club de Italia colocó señales de tránsito en hierro colado en las cuales se indicaban situaciones de peligrosidad por medio de flechas (ej.: carreteras en declive).

Aún antes del cambio de siglo, la Liga Internacional de Asociaciones para el turismo preparó unas propuestas para una unificación de las señales de circulación que fueron aprobadas en el Congreso de París (1900): flechas de diferentes posiciones (oblicuas, verticales, curvas, etc.).

Los sistemas de señalización utilizados por entonces se podían subdividir en señales de orientación, de reducción de velocidad y de peligro.

En Italia, en 1904, había nueve señales en uso; en Alemania, en 1907, había ocho señales en uso.

Los problemas del paso de fronteras y de los permisos de conducir válidos a nivel internacional llevaron a los Automóvil Clubs nacionales en 1904 a fusionarse en una estructura de ámbito internacional que también activó la cuestión de la verificación internacional de las señales de circulación.

Bajo iniciativa del gobierno francés, se llegó a la propuesta de organizar una primera conferencia internacional de representantes gubernamentales para tratar sobre los problemas de circulación. Tuvo lugar en París en 1909. Fue aprobado un convenio sobre circulación de automóviles.

Cada estado se debía comprometer a vigilar que se coloquen únicamente aquellas señales cuya representación había sido autorizada por dicho convenio.

Se trataba de cuatro pictogramas, aún en uso, para:

- Paso a nivel con barrera (valla)
- Cruce (aspa)
- Baden (doble corcova)
- Curva peligrosa
que eran de trazado claro sobre un disco circular oscuro (azul).

La Primera Guerra Mundial provocó una recesión de la circulación privada de automóviles y con ello, la del desarrollo de las señales de circulación.

Acabada la guerra se preparó un proyecto especial para la unificación internacional de cincuenta y tres países. Se reunieron en 1926 en París. Cada estado se debía comprometer a que se colocaran únicamente señales que se habían establecido en el Convenio de 1909, algunas de las cuales fueron rectificadas: para paso a nivel sin barreras se añadió el pictograma de "locomotora" y para la señal de "precaución" se adoptó la forma triangular con orla roja.

En 1931 quedó solucionado el problema de la unificación de las señales de circulación: forma triangular para las señales de peligro; forma circular para prohibición y obligación; placa azul rectangular con cruz roja para primeros auxilios, placa rectangular para situación de localidad.

El número de señales pasó de dieciocho (1928) a veintiseis.

En 1935, se incorporaron nuevas señales por motivo de la gran extensión de la red de carreteras: placas indicadoras de teléfono, taller de reparaciones, poste de gasolina, etc.

Al finalizar la Segunda Guerra un comité de trabajo de las Naciones Unidas preparó un protocolo referente a la señalización en carreteras. En Ginebra en 1949 se aprobó este protocolo.

El Protocolo dividió el sistema de señales de circulación en: "señales de peligro" (forma triangular: ferrocarril, animales sueltos), "señales perceptivas" (forma circular: prohibición, obligación), y "señales directivas" (forma rectangular: subdivididas en señales indicativas, indicadores de orientación y de trayecto, placas señalizadoras de localidades y carreteras).

A nivel internacional co-existen tres sistemas fundamentales en oposición:

1- Sistema europeo (Protocolo de Ginebra) 1949
2- Sistema panamericano (carteles negros sobre fondo amarllo) 1948
3- Sistema africano derivado del británico.

Entre 1950 y 1952 un grupo de expertos de la Comisión de transporte y circulación de las Naciones Unidas investigó los sistemas anteriormente mencionados:

- las formas angulosas obtuvieron resultados por encima de las circulares;
- las figuras negras sobre fondo amarillo resultaron más visibles que las negras sobre fondo blanco;
- los pictogramas sobresalieron en mucho frente a las placas escritas.

Combinación internacional de las señales de circulación.

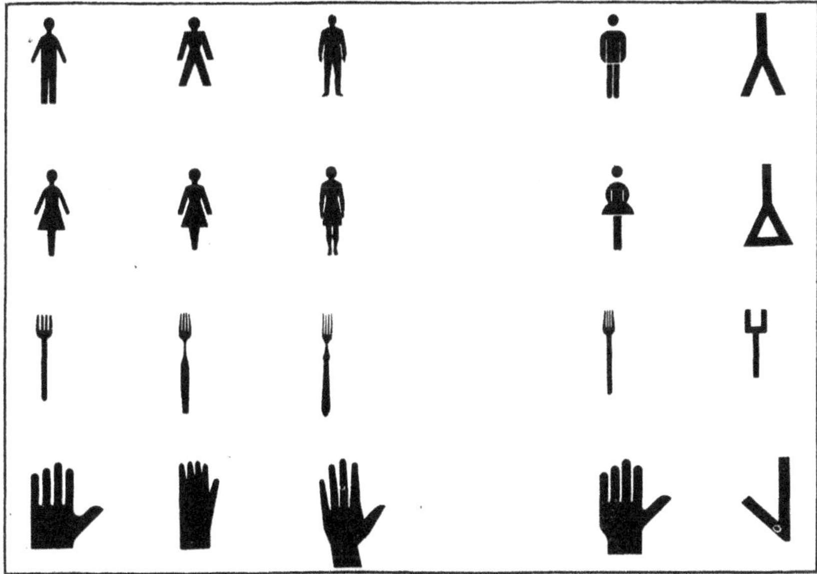

Comparación de pictogramas, de cinco grados de abstracción distintos.

En 1952 se propuso este sistema:

- Señales de peligro: un pictograma negro sobre fondo amarillo
- Señales de prohibición y obligación: forma circular con orla roja y pictogramas europeos pero con la incorporación de la inscripción adicionales.
- No hay sanción sobre señales de circulación.

Pictogramas:

Portador de información puntual, conciso y rápidamente identificable, a diferencia de la comunicación escrita que ha de seguir el desarrollo lineal de la composición de la frase requiriendo soportes más o menos extensos en su longitud y ancho, lo que impide toda unificación de un sistema de señalización.

Además excede la lengua: las carreteras, redes ferroviarias, líneas marítimas se prolongan más allá de las fronteras nacionales lingüísticas y étnicas. Sólo en el caso del transporte aéreo hay dos idiomas: nacional y el inglés.

La información por medio de signos pictóricos ha llevado en las últimas décadas a una transformación de los hábitos de lectura. Hay tres tipos de información pictórica:

1- Imágenes naturalistas: Un cigarrillo cruzado, un teléfono; no hay aprendizaje previo, informan inmediatamente.
2- Información pictórica: Por ejemplo "paso preferente", "tránsito en dirección contraria". Requieren de cierta reflexión y aún pueden producir dudas.
3- Signos abstractos: Requieren aprendizaje: Contramano, semáforos, flecha. Existen otros temas más dificultosos para representar, como aduana, autoservice, etc.

Marcas e isotipos:

La denominación de un signo como "marca" se explica por la misma palabra. Se trata de identificaciones sobre bienes de toda clase, cuyo destino es el mercado, de ahí que puedan considerarse también como signos comerciales o mercantiles.

En el origen eran marcas de hierro que surgieron con la marcación de las reses. En el momento de venta esta marca de propiedad pasa a ser de calidad.

De modo semejante surgieron las primeras marcas comerciales: el importador o exportador señalaba sus sacos, cajas, etc. para evitar su confusión durante el transporte.

La primera tentativa de crear un sistema de signos gráficos la emprendió el Dr. Otto Neurath (1882-1945) en el año 1920 con motivo de una exposición sobre construcción de viviendas en Viena.

Neurath sintió que los cambios sociales y económicos posteriores a la Primera Guerra demandaban comunicaciones claras. Tenía lazos con el movimiento de la nueva tipografía (Tschichold), tanto es así que el alfabeto Futura de Renner fue adoptado para diseño de isotipos.

Neurath estaba convencido de poder crear un idioma gráfico internacional

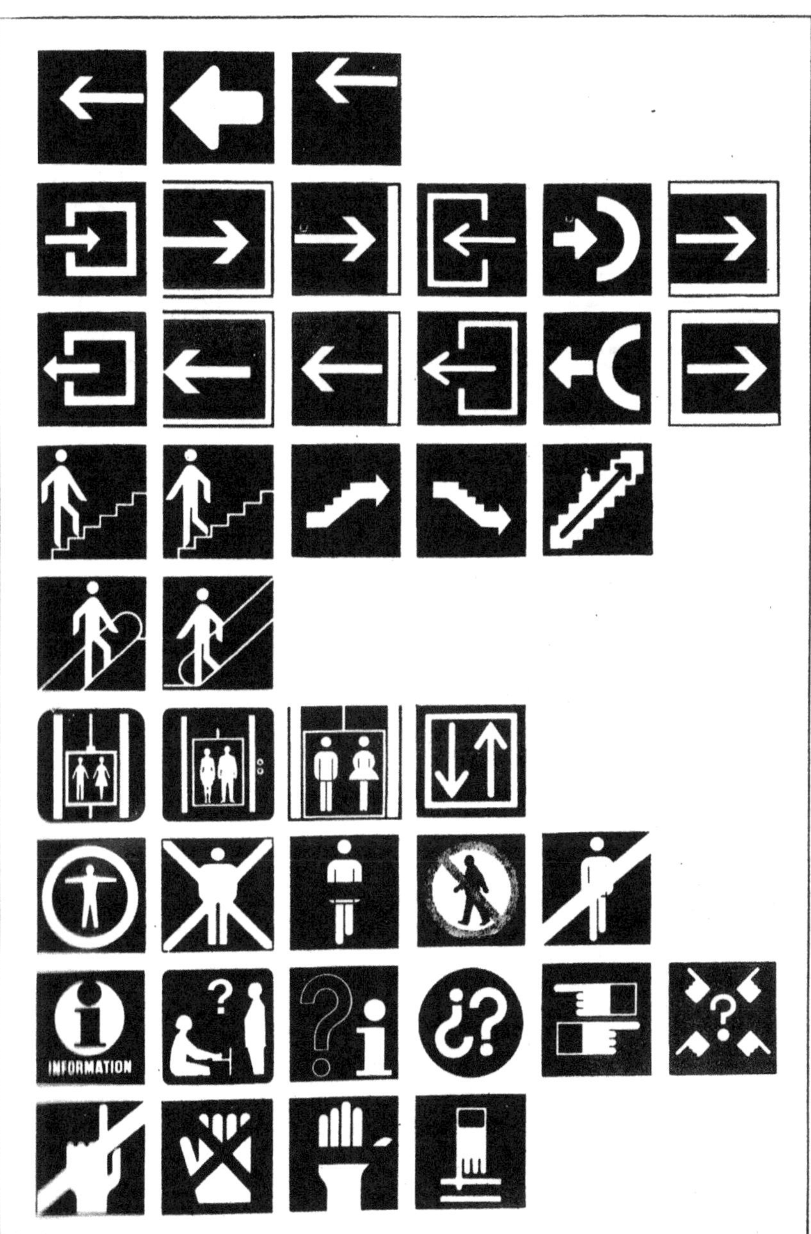

Comparación de pictogramas: Circulación pública en general.

Paul Rand: Imagen visual para "IBM", 1956.

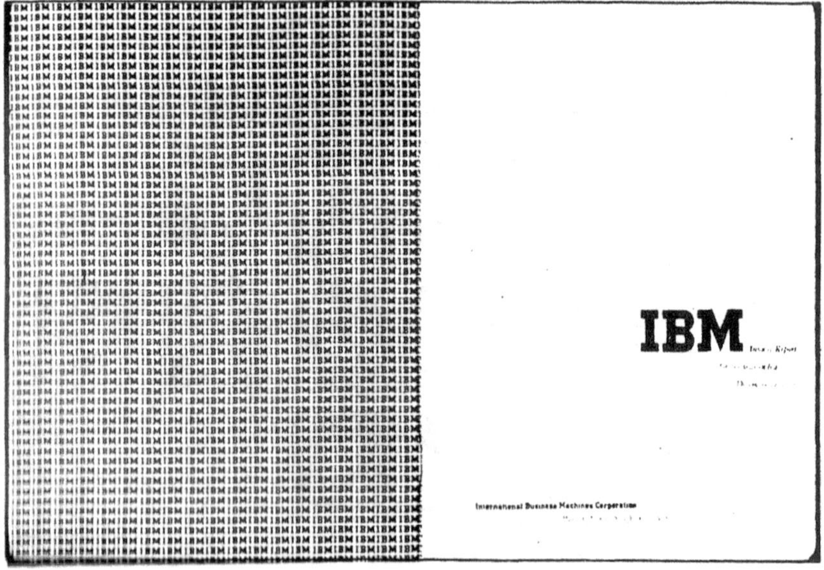

Paul Rand: Diseño para el anuario de "IBM", 1958.

y más tarde en 1936 lo denominó sistema Isotype (International System of Tipographic Picture Education: Sistema internacional para la educación de escritura pictórica).

Opinaba que un pictograma debía ser enteramente comprensible en sólo tres miradas. En la primera debían percibirse las propiedades más importantes de un objeto; en la segunda las menos importantes y en la tercera los detalles adicionales. Sus trabajos iniciales eran para planillas de estadísticas.

La contribución de este sistema a las comunicaciones visuales es el establecimiento de convenciones que permitan formalizar el uso del lenguaje pictográfico.

Imagen corporativa:

La imagen visual de una corporación es, básicamente, la configuración de un lenguaje visual formado por un sistema de signos visuales, para ser utilizado por una empresa en su interacción con el cuerpo social.

El control de su imagen visual no sólo le ofrece ventajas a la empresa, sino que también forma parte de su responsabilidad social, pues de este modo puede tener algún orden en el caótico desenfreno de solicitaciones con que se bombardea al hombre moderno.

Paul Rand desarrolló un sistema de identificación visual para IBM (International Business Machines) y Westinghouse.

Rand advirtió que para que una marca sea funcional por un largo período de tiempo, debe ser reducida a sus formas elementales, que son visualmente únicas y estilizadas.

La marca que Rand diseñó para IBM es desarrollada a partir de un raramente usado tipo de letra diseñado por Georg Trump en 1930 llamado "City Medium". Este es un tipo de letra serif geométricamente construído, diseñado por medio de líneas similares a los estilos geométricos sans-serif. Rediseñado dentro del logo de la corporación IBM, la imagen de un poderoso y único alfabeto emergió del sans-serif y de los espacios negativos cuadrados en la letra B.

El diseño gráfico es usado para expresar avanzada tecnología y eficiencia organizacional. En los envases, las letras mayúsculas estaban impresas en verde, magenta y azul, sobre fondo negro. El nombre del producto estaba en letra manuscrita y en blanco, los costados y la tapa de los envases eran azules.

Una fuerte identificación corporativa fue establecida con esta serie de diseños, realizada en 1950.

Como resultado de un estudio de 1959 de las "imágenes públicas" de la Corporación Westinghouse, fue tomada la decisión de rediseñar la marca "Círculo W". Paul Rand fue comisionado para incorporar simbólicamente la naturaleza de los negocios de la compañía en una nueva marca que debería ser simple, memorable y distinta. No hay signos específicos o símbolos, pero sí algunas formas gráficas relevantes, relativas a las diferentes áreas: alambres y enchufes, diagramas electrónicos y circuitos y estructuras moleculares. Rand desarrolló una tipología para Westinghouse y aplicó estos nuevos elementos para packaging y publicidad.

Capítulo X

El diseño gráfico en Argentina

Los primeros anuncios:

El desarrollo espiritual, la capacidad material y el nivel del progreso de un país, pueden medirse por la calidad e importancia de su propaganda comercial. La evolución de este gran medio difusor señala, con sus hitos el desenvolvimiento de las fuerzas vitales de una nación.

Por eso puede decirse que el aviso es historia y hace historia.

Al comienzo del siglo, los anuncios muestran en los distintos diarios de la época a la Gran Aldea, que sin automóviles en la calle ni aviones en el cielo, parece que tiene una actividad febril a juzgar, por ejemplo, por este aviso: "¿Quién no sufre del corazón? Compuesto de "Apio de Payne" cura indiscutiblemente las enfermedades del corazón, ese órgano del cuerpo humano que tanto sufre hoy con las agitaciones de la vida moderna".

La buena gente cuida su salud a falta de otras preocupaciones. Por eso, Bagley anuncia su Hesperidina como "medicamento adaptable a todas las constituciones y tan provechosa en las enfermedades del bello sexo así como también en las del masculino... para esos infelices que también les hace falta fuerza y vigor vital". De pronto ¡la bomba! Aparece la electricidad en Buenos Aires y ya lo principal no es que nos alumbre, sino utilizarla para mejorar la salud. Y de eso se encarga un doctor Sanden, quien publica este aviso:

"A los hombres, nuevo poder. He aquí la fuente de la juventud, el origen de la felicidad. Es electricidad del doctor Sanden. A los hombres jóvenes o ancianos, a estos que han gastado su poder. A los hombres con penas y dolores. Yo conozco que el fundamento de todo el vigor varonil es la electricidad. La "faja eléctrica" cura las debilidades nerviosas y los dolores de cintura, reumatismo, males del estómago y de los riñones. Imparte a todas las partes flojas del cuerpo un poder maravilloso. Usted siente el vigor calmante desparramarse por el cuerpo. Hace jóvenes a los viejos, y fuertes a los jóvenes. El más grande de todos los remedios. Nervios aflojados, hechos como acero".

En este ambiente publicitario aparece "La Razón", en 1905. Seis firmas fueron sus primeros avisadores: Borges y Cía., Fernet Branca, Calvet y Cía., Griet Hnos., Vermouth Cinzano y Wilsons Sons y Cía. Ltda. Además publican avisos los Bancos de la Nación Argentina, Banco Hipotecario Nacional y los de Italia y Río de la Plata y Londres y América del Sud.

La primera agencia:

La técnica del aviso era rudimentaria. No había entonces agencias de publicidad con su arte y con su ciencia. El Sr. Juan Ravenscroft fundó en 1889, la

CARAS Y CARETAS

SEMANARIO FESTIVO, LITERARIO ARTÍSTICO Y DE ACTUALIDADES

AÑO VII — BUENOS AIRES, 15 DE JULIO DE 1904 — N.° 302

"LA NACIÓN EN MARCHA"

A uno salva y de otro hace una tortilla
y nadie de hecho tal se maravilla
ni á nadie se le erizan los cabellos.

Y se explica que así haya sucedido,
porque el motorman ese siempre ha sido
un gran especialista en atrop llos.

Tapa de "Caras y caretas", 1904.

Caras y caretas: Aviso publicitario de jabón marca "Cook", 1904.

primera agencia del país (Agencia Ravenscroft), pero se dedicaba sólo por entonces a la publicidad en los coches y estaciones ferroviarias anunciando productos ingleses. Firmas conocidas establecidas en las fechas señaladas entre paréntesis, publicaban avisos en los diarios: Tienda "San Miguel" (1857), "Bagley y Cía." (1864), "Canale" (1875), "Lutz Ferrando" (1878), "Bazar Inglés" (1879), "Gath y Chaves" (1883), "La Martona" (1889), "Franco-Inglesa" (1892), "Escassany" (1892), "Piccardo y Cía." (1898). Los avisos eran de grosera tipografía con algún dibujo a veces. En este sentido se destaca Escassany que publica dos columnas enteras con dibujos de relojes, despertadores, sonajeros, mates, bombillas, botones para cuello y boquillas de ámbar. El primer aviso con ilustración fotográfica es de la casa A. de Micheli que ofrece los borsalinos a 9$.

El primer aviso de página entera corresponde a la tienda Avelino Cavezas, con caricaturas de políticos de la época, que invitan a sus correligionarios a convertirse en clientes de la firma.

A fines de 1905 se agudiza el ingenio publicitaro. Y los cigarrillos "Vuelta abajo", incluyen bonos canjeables por objetos de valor en el interior de los paquetes. Los cigarrillos "París" pasean por la ciudad su coche bombo, que ilustra también su propaganda gráfica.

Y aparecen en 1906 las pastillas Valda, para calmar la tos de los fumadores, mientras el doctor Fevilz nos manda de Alemania su bebida sin alcohol, diciendo en su aviso que vende 20.000 litros diarios de dicho producto.

En 1907 aparece, por primera vez, el precio fijo "Maple y Cía.", ofrece muebles de mimbre importados: "todos nuestros artículos tienen a la vista su precio de venta".

En 1908 Cassells y Cía., invitan a escuchar los primeros discos "Víctor" de artistas criollos.

En 1909 arrecia la propaganda de los cigarrillos. Aparecen las famosas "Figuritas" del 43, en dramática competencia con otras firmas de plaza. Un profesor J.A. Berecochea publica a media página con su fotografía, diciendo: "yo puedo curar la tisis, el cáncer y cualquiera otra de las enfermedades que los médicos declaran incurables. ¡Yo curo el cáncer! La señora de Lobato, Moreno 236, sufría de esta enfermedad y yo la curé sin el auxilio del bisturí. No necesito cortar la carne ni aserrar los huesos. Mi tratamiento no causa dolor y es fácil y agradable".

En 1910 los avisos amontonados hasta entonces en los diarios comienzan a publicarse rodeados de texto. Aparecen las "liquidaciones", rivalizando Muro y Avelino Cavezas, mientras Gath y Chaves gana lentamente terreno. Las liquidaciones seducen rápidamente al público y la competencia entre las principales tiendas de la ciudad, dan nacimiento al crédito "en cómodas cuotas". En 1913 Harrods "el templo de la moda" se instala en Florida y Tucumán.

La guerra de 1914 trajo la crisis del papel de diario y debieron extremarse los recursos de la propaganda comercial.

El cartel cede el paso al afiche. Directo e ingenuo al principio va ganando rápidamente jerarquía al dar amplio margen al pintor y al dibujante para desarrollar todas las posibilidades de su arte, Detiene al transeúnte. Es un grito en la pared, a veces una canción, pasando del realismo al impresionismo con todos los atributos del arte puro.

Caras y caretas: Aviso publicitario de "Pilol", 1904.

Los diarios y las primeras revistas:

En el 900 ya hacía dos años que "Caras y Caretas" estaba asentada en las preferencias del público. Ya tres diarios porteños eran muy conocidos "La Nación", "La Prensa" y el vespertino "El Diario".

"La Razón" nació en 1905, éste vino a ser el segundo diario en importancia de la tarde, ya que el primero lo seguía siendo "El Diario".

Entre las revistas más importantes están: "P.B.T." (1904) hecha para un público de "niños de seis a ochenta años". También encontramos "El Hogar" (1904) y "Mundo Argentino" (1911).

Además de esta floración de publicaciones hubo un surgimiento de grandes dibujantes que debían hacer conocer la realidad de una ciudad que terminaba con los últimos vestigios de "gran aldea" y recibía la gran inmigración de italianos y españoles.

Nace "Caras y Caretas":

En 1897 Eustaquio Pellicer, español, viaja a Buenos Aires donde se encuentra con su compatriota Manuel Mayol (caricaturista). Decidieron editar la revista "Caras y Caretas" con la colaboración de Bartolomé Mitre y Vedia, quien sería el primer director de la nueva edición.

Salió el 8 de octubre de 1898 el "Semanario festivo, literario, artístico y de actualidades, Caras y Caretas".

Mitre y Vedia renunció de inmediato y ya en el número dos, la dirección la tomó el periodista José S. Alvarez quien comenzaría a firmar con el seudónimo de Fray Mocho.

En el número uno de "Caras y Caretas" se dirige al "lector de nuestras esperanzas y desvelos" para informarle que vienen a "ocupar un puesto aparte entre los del gremio y no decimos a llenar un vacío usando la fórmula consagrada porque no es un ¡ay! sino varios los vacíos que pretendemos llenar, que cual es nuestro programa? Si lo tuviéramos te lo daríamos hasta con incisos; pero es el caso que lo único que se nos ha ocurrido hacer por el momento es una gran provisión de coraje para dar este primer paso en la escabrosa senda por donde han ido todos los editores que se han fundido".

Caras y Caretas sobresale muy pronto entre más de cien publicaciones existentes en Buenos Aires y demuestra desde el principio un gran interés por desarrollar la caricatura y la sátira dibujada. Sus dibujantes responden con viñetas, secuencias y acuarelas de primer nivel. José Marío Cao, Villalobos, Stieger, Foradori, Vaccari, Castro, Rivera, Sanuy, Eusevi, Sartori, Bosco, Mayol, son las firmas que figuran al pie de los dibujos del primer año de vida de la revista. Entre estos dibujantes iniciales se destacan Cao y Giménez.

Las primeras historietas son ubicadas en Caras y Caretas. Ya en 1898 cuando aparece hay unos tímidos intentos de publicidad desarrollada en cuadritos para el "bazar Penk" y los relojes Escassany. En 1902 se crea la primera historieta argentina con personajes fijos: "Viruta y Chicharrón" de Manuel Redondo. Se publicó durante más de quince años en Caras y Caretas, siendo frecuente su utilización con fines publicitarios en breves situaciones resueltas con una sola imagen.

Caras y caretas: Aviso publicitario de "Gath y Chaves", 1904.

La revista "Caras y Caretas" deja de editarse en 1939 apabullada por un periodismo más joven y dinámico.

Las Revistas "Ciclo" y "Nueva Visión":

En 1948 uno de los acontecimientos fundamentales de diseño que se producen en Argentina es la aparición de la revista "Ciclo" (de la cual sólo aparecieron dos números: en 1948 y 1949). Fue fundada por el crítico de arte Aldo Pellegrini, el psicoanalista Enrique Pichón Riviere y el poeta Elías Piterbarg. Tomas Maldonado fue el diseñador gráfico, pero su actividad no se detiene ahí, sino que se convierte en el impulsor de una parte definitiva del contenido de "Ciclo". Los autores y los artículos presentados en ella brindan un definido panorama de la literatura, la poesía, el arte y el pensamiento contemporáneos.

"Ciclo" es un documento capital para ubicarnos con claridad en el diseño gráfico argentino. El primer fragmento en castellano publicado en Latinoamérica del "Trópico de Capricornio" de Henry Miller apareció en "Ciclo"; la primera traducción castellana de Moholy Nagy en América y España fue la famosa carta a Kalivoda reproducida en "Ciclo"; la primera versión castellana de Mondrian pertenece también a "Ciclo".

Con esto se quiere mostrar que la preocupación por el diseño gráfico en nuestro país tiene sus primeras manifestaciones a través de las expresiones culturales antes citadas.

El diseño gráfico de "Ciclo Nº 1" es básico y elemental: el formato de la revista está basado en las normas DIN, la disposición gráfica es rigurosa, la tipografía aún bastarda, aunque sin duda la mejor dentro de las posibilidades del momento.

En el diseño gráfico de "Ciclo Nº 2" se introducen cambios: Alfredo Hlito colabora con Maldonado en el aspecto gráfico, la tipografía de la tapa se define, se utilizan los tipos traídos por el mismo Maldonado, hay más rigor y control. El texto interior se compone en el "spartan" conseguido en la linotipia Peña y se encuentra un lugar de trabajo, un taller: La Lira, en Córdoba 6051. Allí Maldonado aprende el oficio de tipógrafo, también lo aprende ahí el arquitecto Carlos Méndez Mosquera.

En 1951 se produce otro acontecimiento cultural que tiene mucho que ver con el futuro del diseño y la arquitectura en general y con el diseño gráfico en particular: la aparición de "Nueva Visión", revista de cultura visual. Esta era un viejo proyecto y ambición de Maldonado, que en realidad partía del vacío dejado por Ciclo y Cea. Con un gran esfuerzo, Maldonado, Hlito y Méndez Mosquera fundaron y produjeron materialmente la revista.

El número 1 es una pieza que si bien es gráficamente revolucionaria, se aparta del espíritu de síntesis y elementalidad de todos los trabajos gráficos anteriores. Sus propósitos y contenido constituyen una apertura indudable dentro del panorama del diseño argentino.

En enero del '53 aparece el número 2/3 de "Nueva Visión" al cual seguiría el 4 en 1954 y con mucho esfuerzo el 5, 6, 7, 8 y 9. La revista dejó de aparecer en 1957, es decir que en cuatro años aparecieron nueve números.

Baliero, Borthagaray, Bullrich, Goldemberg y Grisetti, dirigidos por Maldo-

EL PRIMER PAGO DE LA COMPRA DEL CANAL DE PANAMÁ.—El gobierno de los Estados Unidos paga á Francia por la cesión del Canal de Panamá $ oro 15.000.000, suma enviada de Nueva York á París en remesas semanales.

La remesa cuyo embalaje representa un grabado fué la primera y ascendía á la suma de 6.500.000 dólares.

LAS CARRERAS DEL DERBY Y LOS OAKS.—Este año el ganador del Derby fué St. Amant, propiedad del señor Leopoldo de Rothschild. El caballo favorito era el francés Gouvernant al cual seguía en las apuestas John o' Gaunt. Sin embargo, St. Amant venció llevando á ese último una ventaja de tres cuerpos. La carrera de los Oaks fué ganada por la yegua Pretty Polly, del mayor Eustace Loder, que era la favorita.

EMBALANDO CON DESTINO Á FRANCIA, SEIS Y MEDIO MILLONES DE DÓLARES PARA HACER EL PRIMER PAGO DE LA COMPRA DEL CANAL DE PANAMÁ

PRETTY POLLY, QUE GANÓ LA CARRERA DE LOS OAKS

ST. AMANT GANADOR DEL DERBY

EL ARCHIDUQUE FEDERICO DE AUSTRIA EN INGLATERRA.—El archiduque Federico de Austria que fué á Londres, en representación del emperador Francisco José para entregar al rey Eduardo el bastón de mariscal austriaco, asistió el 10 de junio en Aldershot á una revista del primer cuerpo de ejército. El rey estuvo representado en el acto por el príncipe de Gales y el duque de Connaught. Los príncipes recibieron el saludo de 16.600 hombres que se hallaban á las órdenes del general Sir John French. El espectáculo prometía ser magnífico, pero desgraciadamente lo deslució el mal tiempo. Las bandas de música de las tropas tocaron el himno nacional austriaco.

SAQUEO DE UNA IGLESIA EN TOLÓN.—Al efectuarse, ha poco, una primera comunión de niños en San Cipriano, parroquia de un arrabal de Tolón, invadieron el templo dos mil personas que destrozaron sillas, cuadros, imágenes, etc. La turba se llevó una parte de los objetos á la plaza pública para hacer con ellos una hoguera.

El origen de este acto de vandalismo fué, según parece, el haberse negado el cura á dar la comunión á unos diez niños del barrio. Los padres de estos, indignados, amotinaron al resto de la población y la multitud, una vez lanzada para la protesta, cometió los excesos.

ASESINATO DE MR. CHAUTEMPS EN EL SENEGAL.—A principios de abril, Mr. Chautemps, joven funcionario francés, hijo de un antiguo ministro, fué asesinado en Thiès (Senegal) al defender á su jefe contra el ataque de unos cuantos indígenas rebeldes. Un notable del Cayor, Diery Fall que había sido

EL REPRESENTANTE DEL EMPERADOR DE AUSTRIA, ARCHIDUQUE FEDERICO, EN LA REVISTA DE ALDERSHOT.

UNO DE LOS ALTARES DE LA IGLESIA SAQUEADA EN TOLÓN

Caras y caretas: Página interior, 1904.

nado, llevaron a cabo esta labor. La figura de Jorge Grisetti es inseparable de esa tarea y de esa etapa. Su vocación editorial lo llevó no sólo a continuar la tarea de la revista sino a dirigir toda la editorial.

El efecto cultural de "Nueva Visión" fue el mayor aporte en el campo de la teoría de la arquitectura, el diseño y el diseño gráfico de esa década.

El movimiento de arte concreto:

En la Argentina, la no figuración aparece en 1944 con la publicación de la revista "Arturo", que sólo dura un número y a cuyo alrededor se congrega un núcleo de artistas y poetas jóvenes que realizan su primera exposición en 1945 bajo el título de "**Movimiento de Arte Concreto-Invención**".

Este grupo se disuelve poco después y surgen de él dos nuevos grupos el llamado "**Movimiento Madi**", encabezado por el escultor Gyula Kosice (1924) y la "**Asociación de Arte Concreto-Invención**" a cuyo frente se hallan los pintores Tomás Maldonado (1922) y Alfredo Hlito (1923). La designación de "arte concreto" se origina en el movimiento iniciado en Europa por el arquitecto y escultor suizo Max Bill (1908) ex discípulo del Bauhaus, teorizador que se opone a la utilización de la expresión "arte abstracto" y propugna la de "arte concreto", lanzada en 1930 por Van Doesburg para denominar al arte de rumbo constructivo o geometrizante.

La tarea pionera de Tomás Maldonado:

Tomás Maldonado fue uno de los expositores en 1948 de la exposición "Nuevas realidades" en la galería Van Riel de Buenos Aires. Esta sintetiza y polariza la nueva ideología, anticipando de alguna manera la unificación de las artes visuales y su confraternización con el diseño y la arquitectura. En la actitud de integración, expusieron pintores, escultores y arquitectos. También Tomás Maldonado fue el diseñador gráfico de la revista "Ciclo" que apareció también en el mismo año.

Estos dos acontecimientos fueron fundamentales para el diseño gráfico argentino.

Maldonado había regresado justo para ese año de su primer viaje a Europa, donde establece contacto con los representantes europeos del arte concreto, de la arquitectura moderna y del diseño. Es el momento en que Maldonado comienza a perfilarse como pintor concreto, como educador y como diseñador.

La casa de Maldonado en la calle J.E. Uriburu (en 1948) se convierte en una especie de "Jabonería de Vieytes" del pensamiento moderno, donde J.M. Borthagaray, F. Bullrich, H. Baliero, J. Grisetti, E. Polledo, J. Goldemberg, P. Sivori, M. Winograd y Carlos Méndez Mosquera entre otros, se encontraban como alumnos de la Facultad de Arquitectura a discutir y polemizar sobre artes visuales, espacio, diseño industrial, etc.

En la exposición "Arquitectura y Urbanismo de Nuestro Tiempo" en 1949, por primera vez se presentan en forma ordenada obras de Le Corbusier, Lods, C. Entwistle y Paul Nelson.

La exposición fue concebida con real criterio de diseño y Maldonado con-

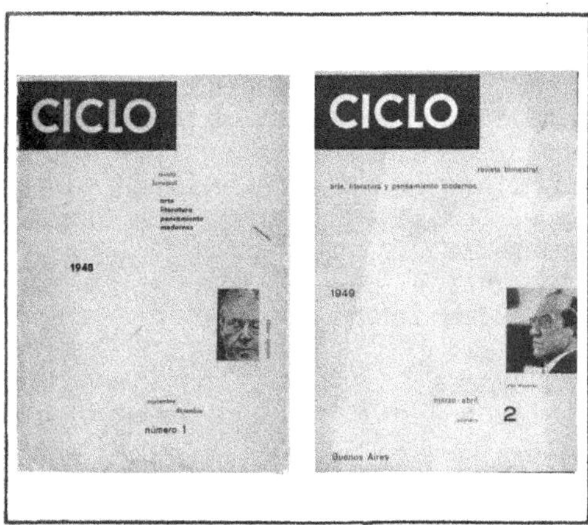

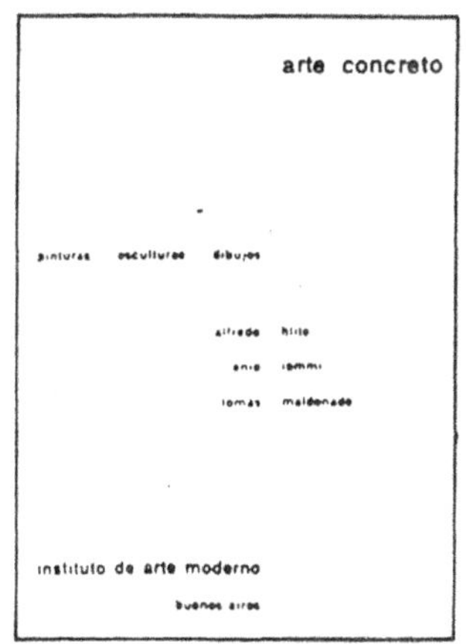

Tomás Maldonado: Tapas de la revista "Ciclo Nº 1 y Nº 2", 1948.

Alfredo Hlito y Tomás Maldonado: Símbolo de "Artistas Concretos" y de "Axis", 1950.

Tomás Maldonado: Tapa de la revista "Cea", 1949.

Alfredo Hlito, Tomás Maldonado y Carlos A. Méndez Mosquera: Tapa de la revista "Nueva visión", 1951.

tribuyó a su concreción, dentro de la gran línea de exposiciones derivada de la experiencia bauhausiana.

En ese mismo año se publica el Boletín Cea Nº 2 del centro de estudiantes de arquitectura, en el cual Maldonado expresa gráficamente el planteo de la nueva tipografía y del nuevo diseño gráfico, también publica un artículo: "El diseño y la vida social", que lo ubica sin lugar a dudas como el iniciador en la Argentina de la problemática del diseño industrial. Con anterioridad en el año 1947, Maldonado había publicado un excelente ensayo teórico: "Volumen y dirección en las artes del espacio", ese trabajo fue un punto de partida que los estudiantes universitarios y diseñadores aprendieron e incluyeron en sus propias disciplinas.

En los años '48 y '49 podemos ubicar al diseño gráfico como diseño total, este concepto se aclara citándolo a Maldonado: "No hay duda que el diseño representa, por el momento, el modo más inmediato, más social de manifestar lo que se ha dado en llamar la "Nueva Visión" que comprende, definámosla al pasar, la totalidad de las actividades, artísticas o no, que tienden a subvertir el actual repertorio morfológico de nuesro mundo visual".

Es importante mencionar los papeles realizados por Maldonado y A. Hlito en la exposición del Plan Regulador de la Ciudad de Buenos Aires en Plaza Italia, en el año 1949, trabajo equiparable a los realizados por Moholy Nagy y Bayer en la época postbauhausiana.

La mueblería Comte, empresa dirigida en esa época por I. Pirovano, brindó la posibilidad de concretar el comienzo de un centro de diseño dirigido por Maldonado, favoreciendo la realización de piezas gráficas pioneras.

En 1950 Maldonado con Hlito y Iommi realizan una exposición en el Instituto de Arte Moderno de Buenos Aires, donde a la madurez teórica se une la madurez formal. Se trata sin lugar a dudas, de tres artistas de nivel internacional.

En 1951 Maldonado, C. Méndez Mosquera y Hlito fundan la empresa "Axis" con el propósito de realizar diseño gráfico integral. En este mismo año aparece la revista "Nueva Visión", ya mencionada anteriormente, que era un antiguo proyecto de Maldonado.

En 1952 el grupo de artistas modernos de la Argentina produce una exposición en la galería Viau de Buenos Aires cuyo montaje está a cargo de Maldonado y M. Ocampo.

En 1954, Maldonado se va a Ulm. Tomás Maldonado, dedicado profesionalmente al diseño industrial, constituye una de las figuras más importantes del mundo en ese campo y con la colaboración de Gui Bonsiepe hizo conocer a través de la publicación de "Ulm" las experiencias realizadas en esa Escuela en todos los campos, incluyendo el de diseño gráfico.

Reseña del diseño gráfico argentino en el presente siglo:

En esta reseña se mostrará un panorama general del diseño gráfico en la Argentina, apuntando solamente a la producción de creaciones que incorporan el diseño como una proyección de la vida misma a través del conocimiento cabal de los problemas socio-económicos y técnico-artísticos.

También es conveniente desglosar de las manifestaciones publicitarias

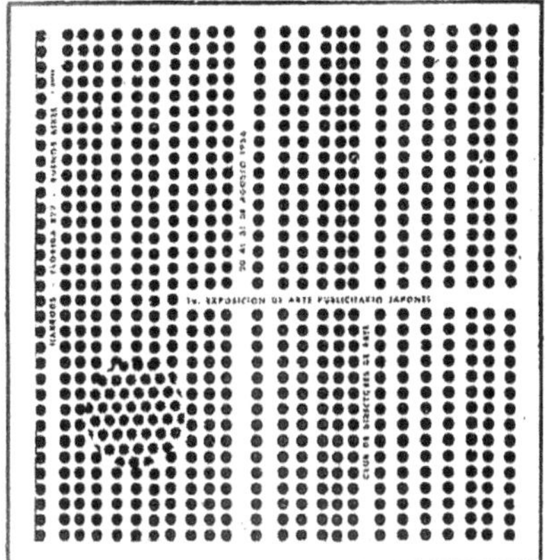

Tomás Gonda: Tapa de catálogo, 1956.

Guillermo González Ruiz: Aviso para "Siam", 1962.

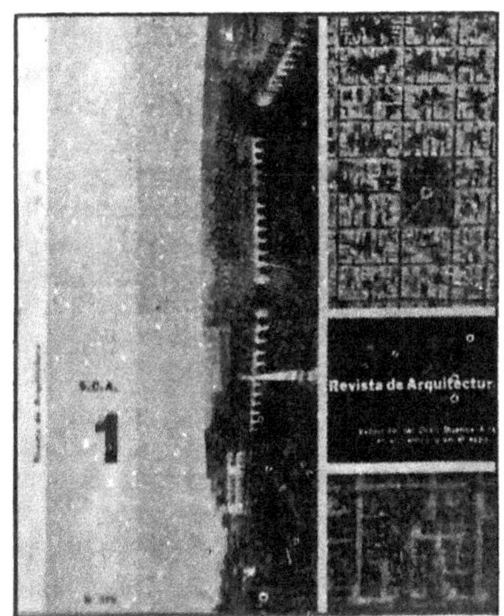

Carlos A. Mendez Mosquera: Tapa de la "Revista de Arquitectura", 1955.

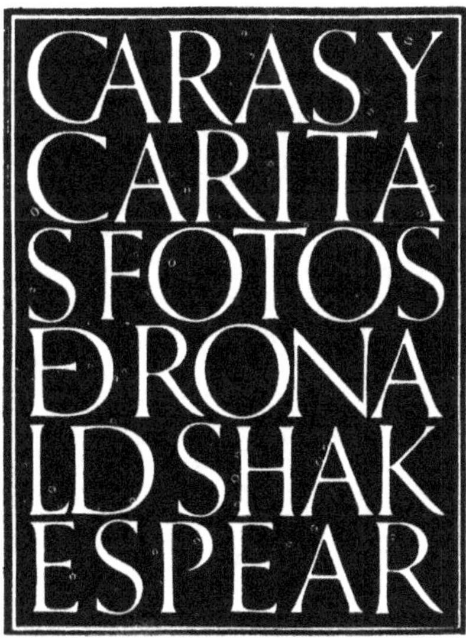

Rubén Fontana: Portada del libro "Caras y caritas" de Ronald Shakespear.

previas al advenimiento de una mentalidad del diseño, aquellas otras surgidas posteriormente.

Del período comprendido entre 1900 y 1955, confuso y ecléctico, extraemos algunas obras de ilustradores, plásticos o publicistas para salvarlas del olvido.

La mayor parte de ellas surgirá de los medios de difusión existentes en esa etapa, "La Nación" y "Caras y Caretas" principalmente.

Pero las caricaturas de Alvarez, las ilustraciones de Macaya y de Sirio en las notas de la revista política, el almanaque de Molina Campos para Alpargatas, la cabeza de Geniol, no constituyen etapas de un trayecto ordenado. Son manifestaciones aisladas y personales de un período oscuro y mediocre, que busca algún elemento factible de ser recreado para incluirlo en avisos de Gath & Chavez o Linimento Sloan, ya acude a la proliferación curvilínea modernista con 20 años de atraso para activar su creación. La misma impronta revelan las portadas de "Garufa" y "Derecho Viejo", la invitación para el Pabellón de las Rosas o un afiche para cigarrillos París.

Habrá que buscar en el industrialismo incipiente o en el manejo del país por clases dirigentes de gusto decadente las causas de aquella atonía imperante hasta la primera mitad del siglo.

Si 1925 (Bauhaus, Dessau) es un año clave en la historia del diseño, dentro de nuestro país ese hito corresponde a 1953.

Ese año se realizó en la Galería Viau una exposición que presentaba las experiencias del grupo Arte Concreto Invención integrado entre otros por Tomás Maldonado, Alfredo Hlito, Claudio Girola, Ennio Iommi, y al cual también se incorporaba ideológicamente Carlos A. Mendez Mosquera, identificados con el pensamiento de Max Bill: "El arte y la belleza pueden definirse como la suma de todas las funciones en unidad armónica", sus componentes se anticiparon a movimientos europeos que posteriormente postularían una estética científica.

Fueron los primeros en despertar una conciencia argentina del diseño. De ese caudal inicial surgen después tres vertientes que acentuarán el proceso:

1- La primera aparece después de 1955 y tiene su campo operativo en la Facultad de Arquitectura de Buenos Aires, donde Onetto, Méndez Mosquera, Le Pera, Oliver, Breyer, Moller, Jannello, Rotzait y otros eran los encargados de demostrar a través de la formación de nuevos arquitectos que las semillas del Bauhaus habían germinado en Buenos Aires y se iban a expandir posteriormente en Rosario, Mendoza y La Plata. Allí se nutren muchos de los profesionales que luego concentrarán su labor en el área del diseño de comunicación.

Por otra parte, tres miembros de este grupo docente, Iglesia, Asensio y Fracchia, integran luego el grupo Onda, probablemente el primer estudio profesional que incluye en sus objetivos a la comunicación visual.

2- La segunda vertiente nace de los mismos medios publicitarios y se asocia al intento de trasladar nuevos conceptos estéticos a los mensajes comerciales con un criterio orgánico. También Méndez Mosquera, a través de Cícero hace llegar al público ideas hasta ese momento reservadas a los claustros docentes.

En el año 1960 Maldonado y Gonda se fueron a Ulm a continuar una tarea que alcanzará posteriormente relieve internacional.

Juan Carlos Distéfano: Afiche para exposición, 1968.

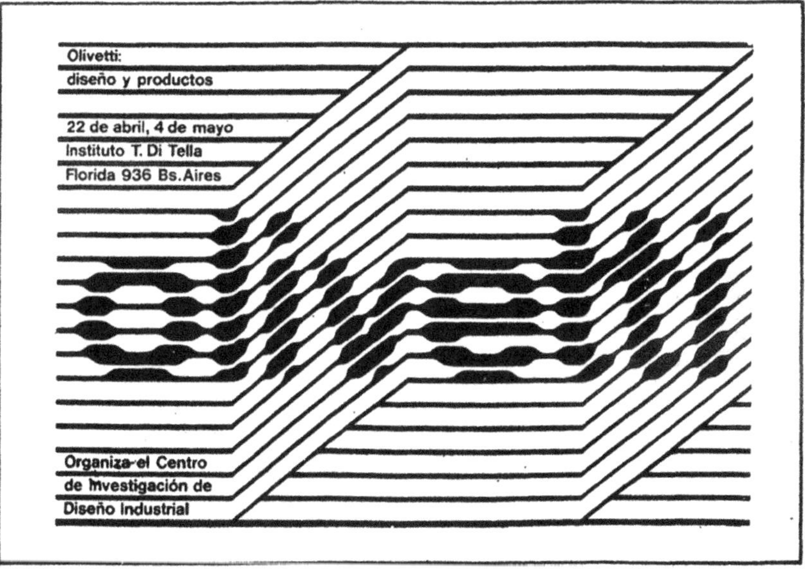

Juan Carlos Distéfano: Afiche para exposición "Olivetti".

3- La tercera corriente está integrada por un grupo de diseñadores gráficos independientes de fuerte raigambre plástica. Fueron depositarios de la lucha contra el conformismo. No es casual que Juan Carlos Distéfano y Rómulo Macció (sus abanderados) fueron además pintores de talento.

Ya en la década del '70, estas tres vertientes se reunieron en un cauce común, en el cual también continuaban, además de los pioneros Ronald Shakespear, Pollesello, Pino Milas, Edgardo Giménez, Eduardo Cánovas, Perez Sánchez, Di Mauro, Nicolás Jiménez y Guillermo González Ruiz, quienes hacían gráfica.

El grupo Onda incorporó el audiovisual a los medios expresivos en un espectáculo organizado para Shell en la exposición del sesquicentenario.

Por otra parte Distéfano organizaba en el Di Tella su departamento gráfico con la inclusión de Rubén Fontana en diseño y Rivas y Alvarado en Fotografía que eran diseñadores gráficos jóvenes, formados en distintas agencias: Agens, Cícero Publicidad, Gowland, De Luca, que aportan su experiencia profesional. Este instituto aporta una imagen renovadora en el campo del diseño gráfico.

Hoy en día, la labor individual de los diseñadores gráficos argentinos ha excedido los límites del país. La obra del arquitecto Guillermo González Ruiz, de Ronald Shakespear, de Rómulo Macció, Gimenez, J.C. Distéfano y otros ha sido publicada en "Idea" y en numerosas revistas extranjeras, como "Gebrauchs-Graphik", "Graphic Design", etc.

Cronología del Diseño Gráfico Contemporáneo

	ARTISTA	CARACTERISTICAS	OBRAS
EXPRESIONISMO ALEMAN (1905 - 1914)	Expresionismo Alemania	Refleja la realidad deformada por el artista. Reivindica la subjetividad del artista. Reacción academicismo anterior. No rinde tributo a la modernidad. No rompe con la herencia cultural germana. Reacción contra el gobierno del Kaiser. Realidad atormentada. Abarca todas las artes.	Fritz Lang: "Metrópolis". Reacción del hombre contra la máquina (1922).
	Paula Becker, Max Ernst, Karl Schmit, Egon Schiel, Oton Müller	Etica. Romper con el pasado. Puente con la realidad y la vida. Pintores de la Escuela de Dresde (Ernst, L. Kirchner, Eric Heckel y Karl Schmidt). Colores ásperos y estridentes. Violencia y vitalidad. Estímulos: Van Gogh y arte negro-africano.	Revista "Die Brücke" (El puente) 1905-1913
	Kandinsky, Klee, Franz Marc	Franz Marc, su fundador (tema: jinete) y Kandinsky. Luego Paul Klee. Estímulo: fauvismo, cubismo. Planos diáfanos, luminosos colores. Temas: árboles, animales y cielos. Imagen alegre, tragedia encubierta.	Revista "Der Blaue Reiter" (el jinete azul). (1911-1914)
CUBISMO (1907 - 1914)	Cubismo (Francia)	Francia. Origen: "Las damas de Avignon" Picasso (1907). Figuras abstractas, formadas por planos geométricos. Esencia de la realidad a través de simultaneidad de formas geométricas desde todos los ángulos. Reivindica la sabiduría del artista (refleja lo que sabe y no lo que ve). Autonomía de la obra de arte. Predominio intelecto. Primera fase: (1907-1909) Influencia Cezanne. Paisajes, Etapa transitoria. Segunda fase: (1909-1911) Cubismo analítico. Naturalezas muertas. Colores grises, marrones, negros, ocres. Tercera fase: Cubismo sintético o collage, letras, números, objetos reales.	"Poemas" Apollinaire. Poemas con humor. Tipografía: pájaros, fuentes, ojos. Poema: se entiende como objeto.
	Pablo Picasso (1880-1973)	Primeros cuadros: tradición española. 1901-1904: Período azul: Imágenes sutiles y alargadas. Dolor humano y melancolía. Azul: noche y tristeza. 1903-1906: Período rosa (color predominante). Vida de circo. Matices tiernos y claros. 1907: Las	"Familia de Saltimbanquis" 1905 (P. rosa) "Desnudo sentado" 1909 (sustracción de toda

	ARTISTA	CARACTERISTICAS	OBRAS
CUBISMO (1907 - 1914)		damas de Avignon.	presión sentimental). "Guernica" 1937. Dolor resentimiento. Blanco, negro, gris. Ciudad vasca desvastada.
	George Braque (1882-1963)	Arte: un nuevo valor. Reconstruye lo que sabe de la realidad. Color pardo y luz. Luego collage: planos más amplios y simplificados. Variedad de colores (cubismo sintético).	"Casas de L'Estaque" "Muchachas con guitarra"
	Fernand Leger (1881-1955)	Aporta su sensibilidad a los problemas de la época. Collage. Revalorización del color.	"Desnudos en un bosque"
	Juan Gris (1887-1927)	Sentido de claridad y equilibrio. Mesura en sus composiciones. Collage. Cuadros con solidez y figuras geométricas. Color brillante.	"Naturaleza muerta" "La ventana"
FUTURISMO (1906 - 1916)	Futurismo (Italia)	Realidad reflejada en movimiento. Simultaneidad de sensaciones y de ideas a través del movimiento del objeto. Grupo disciplinado: más fugaz y menor riqueza que el cubismo y el expresionismo. Exaltación: sensualidad latina, poder, viril, energía, acción, nacionalismo, patriotismo, militarismo, guerra. Abarcó todas las artes. El fascismo acaba con el movimiento.	
	Umberto Boccioni (1882-1916)	Importancia del color. Relaciona los volúmenes en movimiento con el espacio. Movimiento en forma tridimensional. Romper los rígidos contornos de la figura y fusionar esta con el medio ambiente.	"Dinamismo de un ciclista" "Formas únicas de continuidad en el espacio" (dinamismo figura humana) "Riña en la galería"

	ARTISTA	CARACTERISTICAS	OBRAS
FUTURISMO (1906 - 1916)	Filippo Marinetti (1876-1944)	Poeta. Manifiesto en 1909. 1919: agrupación prefascista. Creía que el uso de distinta tipografía podía vincular forma y contenido poético. No usa gramática ni puntuación. Ruido.	"Mountains + Valleys + Streets + Jofre" 1915 "Palabras en libertad" 1919. "Un tumultuoso encuentro" .1919. "Poema futurista"
	Antonio Sant'Elía (1886-1916)	Arquitecto futurista. Ciudad: circulación a muchos niveles, túneles y pistas de aterrizaje. Ascensores en el exterior. Manifiesto: construcción basada en ciencia y tecnología. Decoración: absurda. Usaba diagonales y elípticas: más dinámicas que las perpendiculares. Sus ideas trascendieron su muerte. Influencia en Art Decó ("Metrópolis").	Ciudad futurista. (proyecto)
	Giácomo Balla (1871-1958)	Estudia movimientos en el espacio. Variedad de colores. La alusión a objeto en concreto va desapareciendo. Pintura abstracta.	"Mercurio" (estudio de compenetraciones luminosas resuelto en líneas elipsoidales). "Niña que corre por un balcón".
	Gino Severini (1883-1966)	Interpreta al futurismo de un modo personal. Agrega su toque puntillista. Obras: muy importantes en París.	"Jeroglíficos" (planos coloreados y luminosos).
DADAISMO (1915 - 1922)	Dadaísmo (Zurich-N.York)	Sociedad malvada: debía destruirse. Café Voltaire de Zurich: Hans Arp, Tristán Tzara, N. York: Marcel Duchamp, Francis Picabia, Man Ray. Se proponían destruir el arte establecido. Tomaban objetos de uso cotidiano y los exponían. Letras: concretas formas visuales (como los cubistas) y no como fonética. Diseño: espontáneo y cambiante. Delirio de lo absurdo. Poesía en acción. Más que la obra, lo importante es: provocación al sentido común, reglas,	Hans Arp: xilografía para poemas de Tzara. Cuadros en madera coloreada. Picabia: "Santísima Virgen" (mancha de tinta).Piezas arquitecturadas de desechos de mecanismos.

	ARTISTA	CARACTERISTICAS	OBRAS
DADAISMO (1915 - 1922)		moral, ley. Búsqueda fantástica (surrealismo).	Duchamp: portabotellas y urinarios (fuentes) ready-mades.
	Kurt Schwitters (1887-1948)	Alemán. Collages con papeles de periódicos, billetes de tranvía, sellos: Merz. Libertad basada en la tradición distinto del dadaísmo.	"Merz" "W W primitiittii" (visual y sonido)
SURREALISMO (1919 - 1940)	Surrealismo (Francia)	Realidad interior. Orígenes: Revista Litteratture" de Breton (1919) participó Eluard. Se propuso unir el surrealismo (guía espiritual). Surrealismo: contemporáneo pero opuesto al racionalismo Bauhaus y a las abstracciones geométricas. Investigación sobre el proceso del sueño (Freud). Reivindicación social (nueva libertad). Símbolos expresan sentimientos. Unión entre revolución social marxista y la mente surrealista.	"Una tarde de circo" (hermanos Marx crueldad y humor negro). "Un perro andaluz" (L. Buñuel y Dalí imágenes y planteamientos surrealistas).
	René Magritte (1898-1967)	Frotagge. Imagen poética. Influencia de de Chirico y Ernst. Distorsión de la realidad. Igual que de Chirico: espacio en forma teatral y exagerada, ausencia de sutilezas tonales, sombreado total, modelación brusca. Arte directo. Usaba distintas escalas, ambigüedad: flotabilidad.	"El pensamiento que ve" (introduce en el interior lo que está afuera, figuras transparentes, el día y la noche). "El poder de las cosas" (pan y vaso flotan) "Ilusiones de grandeza" (anatomía femenina dividida).
	Salvador Dalí (1909)	Extravagancia. Imágenes con pureza de línea y precisión en el dibujo que son fieles a sus ilusiones paranoicas. Será lo más difundido del surrealismo, pero también lo menos válido por su carácter anecdótico. Obsesiones sexuales. Menos frescura y espontaneidad que Miró.	"Presagio de la guerra civil" "El nacimiento de los deseos líquidos" "Apoteosis del dólar" "Cisnes reflejando elefantes".

	ARTISTA	CARACTERISTICAS	OBRAS
SURREALISMO (1919 - 1940)	Joan Miró (1893-1983)	Español. Contacto con el surrealismo en París. Pocos colores. Simplificó su estilo hasta un sistema de signos equivalentes de su mundo interior. Frescura, espontaneidad. Influencia de Klee y Kandinsky.	"Gran composición" (elegancia formal) "Corrida de toros" (infantil) "Naturaleza muerta con zapato viejo"
	Max Ernst (1891-1965)	Pintura involuntaria. Mayor artista surrealista. Bosques densos y siniestros. Alemán dadaísta. Frottage: surgido del collage. Espacios chatos. Rechaza a un orden establecido de valor tradicional. Estados de ánimo tenebrosos. Esculturas ("El imbécil").	"Bosque y sol" (frottage) "Pájaros sobre bosque" "La ninfa Eco".
PURISMO (1917)	Purismo	Cuadros con tradición cubista, preferencia por formas transparentes de objetos fabricados (ej.: vasos). No a la decoración y a la fantasía, simplicidad. Arquitectura purista: volumen puro, perfecto, equilibrado. L'Esprit Nouveau: treinta números 1920/1925. Predominio de líneas horizontales y verticales.	"L'Esprit Nouveau" proyectos de nuevas ciudades junto con P. Jeanneret "Manifiesto"
	Le Corbusier (1887-1965)	Suizo. Trabaja en París. No emigró. "Hacia una arquitectura". Fundó el movimiento purista. Hombre centro de la actual arquitectura (modulor). Arquitectura: expresión espiritual del artista realizada mediante formas: arquitectura se impone a la naturaleza. Arquitectura: pilar necesario, independencia entre esqueleto y el mundo, plano libre, fachada libre, azotea jardín.	"Ville Savoye" (1928 "Ronchamp" (más libre) "Ville Garches" fachada: relaciones geométricas precisas.
RUSOS	Suprematismo Malevich (1878-1935)	Malevich: cubismo y futurismo. Formas y colores puros. No a la función utilitaria y representación pictórica. "Suprema expresión del sentimiento". Esencia artística: percepción del color. Malevich: cuadrado negro sobre fondo blanco. Arte apartado de las necesidades de la sociedad. Independiente de cualquier tenden-	"Ocho rectángulos" (pintura plana)

	ARTISTA	CARACTERISTICAS	OBRAS
RUSOS		cia social. Arte puro, sin emoción.	
	Constructivismo	Opuesto a suprematismo. Tatlin y Rodchenko: diseño industrial, comunicaciór visual, apoyo a la nueva sociedad comunista. Gan: ideología. Tectónico, textura y construcción. Acero y metal en sus "construcciones escultóricas" (espacios que encerraban).	Eisenstein: Acorazado Potemkin. Gabo y Pevsner Rodchenko, Tatlin.
	El Lissitzky (1890-1941)	Arquitecto, pintor, diseñador gráfico y fotógrafo. Influencia de Malevich; diferencias: pinturas tridimensionales (Prouns: estadio intermedio entre pintura plana y arquitectura). Con la Revolución Rusa vio un nuevo comienzo en la humanidad. En diseño gráfico: relaciones de formas y posibilidades de impresión.	"Objet" tapa y páginas. "Broom" (isometría) "Pelikan" aviso Prouns
PINTURA ABSTRACTA (1908)	Wassily Kandinsky (1866-1944)	1908: realidad exterior. Impedimento para expresar su necesidad interior. Primero: los colores construyen imágenes, luego signos. 1914: Rusia (regresa). Pintura directa y fresca.	"Improvisaciones" (expresionismo abstracto).
	Piet Mondrian (1872-1944)	Rigor y calidad artística (junto con Kandinsky). Estructuras lineales con perpendiculares y diagonales. Medida matemática: nuevo ideal de belleza. Constructivismo abstracto. Colores puros. Racionalidad. Símbolos. Horizontal y vertical. Colores primarios.	"Composición abstracta"
ALEMANIA - ARTE Y TECNICA (1907 - 1914)	Deutscher Werkbund (H. Muthesius)	Fundada por H. Muthesius, influenciado por el movimiento Arts and Crafts, de Inglaterra. Escuela de artes y oficios y producción industrial. Principios de racionalismo: forma del objeto debe responder a condiciones de uso y a la técnica aplicada, económico para que sea accesible. Formas geométricas puras.	Gropius, H. Van de Velde y Behrens: edificios más importantes en la exposición.

	ARTISTA	CARACTERISTICAS	OBRAS
ALEMANIA - ARTE Y TECNICA (1907 - 1914)	Peter Behrens (1869-1940) AEG	1909: contratado por AEG (Comp. Gral. Eléctrica alemana), como consultor de arte. Propaganda, diseño de productos, diseñador industrial. Hizo el proyecto de la fábrica de turbinas de AEG. Hito en la historia del diseño. Maestro de Gropius.	"Werkbund" poster AEG, y fábrica
	H. Van de Velde (1863-1957)	Arquitecto estilo Art Nouveau, decorador, ingeniero, orfebre, maestro belga. Influencia de W. Morris. Decoración: abstracta y estructura la forma. Belleza racional en casas y decoraciones. Funcionalidad. Ingeniería: nueva arquitectura. Diseño lógico usando nuevas técnicas y materiales.	Afiches abstractos. Teatro para Werkbund
	Walter Gropius (1863-1969)	Dirige la Bauhaus, llamado por H. Van de Velde "Uniendo la enseñanza artística, con la artesanal e industrial: artista completo capaz de dominar todos los sectores de producción. Arquitectura: relación con la sociedad y economía.	"Fagus" oficinas "Bauhaus" (Weimar) Primera obra maestra de la arquitectura moderna
BAUHAUS (1919 - 1933)	"Staatliches Bauhaus" Weimar (1919-1924)	Van de Velde llama a Gropius. Abre la "Das Staatliches Bauhaus" en 1919. Alemania: política, economía, cultura: en crisis. Nueva propuesta: nuevo orden social. Artes: existen aisladamente pero confluyen en una unidad (edificio). Unidad arte y tecnología. Weimar (1919-1924): nueva sociedad. Catedral gótica: unidad de la arquitectura, escultura, pintura y técnica. Paul Klee y Kandinsky. Johannes Itten: curso fundamental: enseñaba principios fundamentales de diseño. Luego lo deja: Bauhaus pasa del interés por lo medieval al interés por el racionalismo y diseño de máquinas. Bauhaus y De Stijl: semejantes. Mueble y tipografía: influenciadas por De Stijl, Itten y Kandinsky: iniciadores de esta primera etapa de decantación.	
	Dessau (1925-1932)	Itten es reemplazado por Moholy-Nagy en el curso fundamental. Tensión entre el gobierno y Bauhaus: se mudan a Dessau: nuevo edificio (Gropius). Período fructífero. Influencia de De Stijl y del constructivismo. Feria de Sttutgart: difunde principios Bauhaus. Desarrollo de la gráfica. Sus productos impactan en la vida. Arquitectura nueva, rebelde, vanguardista (nueva postura). Revista del Bauhaus: se publican trece libros: Klee, Moholy-Nagy, Gropius, Mondrian: editores. Breuer: cat. diseño de muebles: muebles de acero tubular. H. Bayer cátedra de mar-	

	ARTISTA	CARACTERISTICAS	OBRAS
BAUHAUS (1919 - 1933)		cas, logotipo y publicidad.	
	Berlín (1932-1933)	1928: Gropius renuncia. Bayer y Moholy-Nagy van a Berlín: influenciaron en tipografía y diseño gráfico. Hannes Meyer: nuevo rector. Arquitecto suizo, de ideas socialistas: introduce problemática de la política en diseño. Criticado por Gropius. Meyer se ve forzado a renunciar. Mies asume ("menos es más"), Nazis cierran Bauhaus-1933.	
	Moholy Nagy (1895-1946)	Experimentó nuevas técnicas y materiales (fotomontaje y fotogramas). Pasión por la tipografía y fotografía. Las unifica a las dos. En sus posters integró palabras e imágenes (rapidez). Fotografía: presenta los hechos. Tipografía: contrastes y color. Fotograma (sin cámara podía dar luz o sombra con papel sensible). "La nueva visión": difundió el principio Bauhaus: la fusión entre teoría y práctica. Reseña del curso fundamental. Fue publicada en 1930-1938.	"i 10" Tapa (composición asimétrica) "Poster para neumáticos" (integración letra y fotografía) "Autorretrato" 1924 "Broom", 1923.
	Herbert Bayer (1900)	Diseñó la tipografía universal, formas claras, simples y racionales (Sans-Serif). Utilizaba barras, puntos para dividir o unificar elementos. Usaba el negro puro y brillante. Arquitecto diseñador y tipógrafo. En 1930 emigra a Estados Unidos.	Tapa para revista de la Bauhaus. Posters.
LA NUEVA TIPOGRAFIA	Ian Tschichold (1909-1974)	Ideas constructivistas en la tipografía. Asimiló racionalismo de la Bauhaus, y constructivismo ruso "La nueva tipografía": rechaza la decoración en favor de un diseño racional. Asimetría de un diseño: expresa la nueva era de la máquina. Sans Serif: las considera como letras modernas. Diseños en base a grillas. 1933 acusado de bolchevique huye a Suiza. Viaja a Inglaterra: cambia por un retorno al clasicismo.	"La nueva tipografía." "La tipografía asimétrica". "Penguin".
	Paul Renner (1878-1956)	Futura: quince alfabetos. Influencia de la Sans Serif. Decía que cada generación	"Futura"

	ARTISTA	CARACTERISTICAS	OBRAS
LA NUEVA TIPOGRAFIA		debe solucionar problemas que ha heredado pero creando formas de su tiempo.	-
	Piet Zwart (1885-1977)	Arquitecto diseñador Holandés. Creó una síntesis del dadaísmo y De Stijl. Diseño de interiores: Funcionalismo y claridad. Rompió con la tradición dando una nueva apariencia a los materiales. Función del tiempo, desde la perspectiva del lector. Hizo fotografía, diseño de interiores, docencia igual que El Lissitzky, Tschichold y Bayer. Construía sus diseños de la caja tipográfica.	"NKF" aviso
	Henric Werkman (1882-1945)	Experimentó con tipos de letras y tintas, utilizaba una pequeña prensa. 1923- "The next call". Revista de tipografía. Colabora con De Stijl. Fusilado por los nazis.	"The next call"
	Viking Eggeling (1880-1925)	Aportes de cinética. Pintor sueco, pionero del cine de vanguardia. Se trasladó a Suiza. Se une al movimiento dadaísta.	"Sinfonía diagonal" (película abstracta)
ART DECO (1918 - 1939)	Cassandre (1901-1968)	De 1923 al 36: Sorprendente serie de afiches. Planos de color. Influencia cubista. En EE.UU trabajó para Harper's Bazaar. Container Corp. En 1939 regresa a París: hace escenografías. En 1945: nuevas familias tipográficas. Fue afichista más que pintor.	"Etoile", "L'Atlantique", "Dubonnet", "Acier Noir", "Peignot", "Bifur"
	Jean Carlu (1900)	Estudiante de arquitectura, pierde su mano derecha. Influencia cubista. Simplificación a casi pictografía. Tensión con ángulos y líneas rectas, relajación con curvas. Viajó a América.	"Vanity Fair" afiche
	Paul Colin (1892)	Gráfica del teatro "Champs-Elysees": figura central sobre fondo de color. Luego títulos arriba o abajo, creó 1000 diseños. Fue el más prolífico diseñador art-decó.	"Champs-Elysees" "George Pomies" poster

	ARTISTA	CARACTERISTICAS	OBRAS
ART DECO (1918 - 1939)	Raymond Savignac	Influencia de Carlu, Colin y Loupot ("Aliance Graphique"). Su ideal era obtener una idea que fuera el resultado de todas las ideas. Humor en el diseño de carteles.	Carteles
ESCUELA SUIZA (1950)	Max Bill (1908)	Suizo. Estudia en Bauhaus. Hizo pintura, escultura, arquitecto, diseñador gráfico. Arte concreto: artista y pintor. Diseñador: elementos geométricos elementales, con absoluto orden. Proporciones matemáticas, división espacial geométrica, uso de la grotesque, margen derecho libre. Uso de grillas moduladas. Dirigió la escuela de Ulm (50/56). Continuador de la nueva tipografía.	"Moderne Schweizer Architetur" tapa Poster para una exhibición "Uber tipographie"
	Josef Müller Brockman (1914)	Escribió "Sistemas de retículas": búsqueda del orden tipográfico. Grilla: permite armonía entre tipografía y titulares y una inmensa riqueza de imágenes. Poster fotográfico: imagen como símbolo.	"Der Film" poster Poster para lámparas "Música viva" "Less noise".
	Hans Neuburg	Equilibrio asimétrico, uso del espacio blanco. Diario "New Graphic Design": Grilla a cuatro columnas.	"New Grafhic Design"
	Carlo Vivarelli	Identificación visual para T.V. Suiza (1958).	
GRAFICA ITALIANA (1930)	Max Huber (1919)	Contratado por Boggeri. En Milán realiza sus mejores trabajos. Estudió las ideas formales de la Bauhaus. Combina brillantes y puros matices con fotografías. Usa tintas transparentes. Trabajos pictóricos. De gráfica y arte concreto hasta gráfica publicitaria.	"Rinascente" (pionera en publicidad italiana). "Autodromo de Monza" poster
	Marcelo Nizzoli (1887)	Gráfico, diseñador industrial y arquitecto. 1925- primer premio del concurso Campari. 1938- director de publicidad de	"Olivetti" (poster y oficina). "Domus" "Casabella"

	ARTISTA	CARACTERISTICAS	OBRAS
GRAFICA ITALIANA (1930)		Olivetti (diseñó sus oficinas) y diseñador industrial.	"Architettura" (diseño gráfico e industrial)
	Giovanni Pintori (1912)	Contratado por Olivetti. Diseñador y gráfico italiano. Olivetti le encomienda la difusión de su empresa a través de la identificación corporativa (isotipo, diseño industrial, diseño de vehículos) por 31 años trabaja para Olivetti.	"Olivetti" (logo: Sans-Serif, espaciado entre letras) Posters.
	Franco Grignani (1908)	Italiano, como Cassandre: parte de artista y parte de gráfico. Trabajos basados en los diseños de Moholy-Nagy y Man Ray. Pintor de arte concreto. Encuentra relación entre gráfica y arte concreto.	Análisis sobre distorsión, expansión, percepción.
GRAFICA INGLESA (1930)	Mc Knight Kauffer (1890-1954)	Incorpora el cubismo. Americano (llega a Londres en 1914). Realiza 141 posters para los subtes de Londres, cuando comienza la segunda guerra: viaja a EE.UU. Autor del primer aviso estilo cubista. Hace también escenografías.	"Subtes de Londres" (poster) "Ulyses" (tapa de libro)
	Alan Fletcher (1931) Colin Forbes (1928) Bob Gill	1962- estudio. 1965- se une al arquitecto Theo Crosby. Diseño para exposiciones, diseñador industrial, oficinas en Zurich y Nueva York. Pentagram: combina sentido contemporáneo con comprensión histórica. Diseños desde formas geométricas claras (sistemas de identificación corporativa) a un cálido historicismo: Pentagram no deasrrolla un estilo único, pero sus soluciones son inteligentes y apropiadas.	"Pirelli" (poster zapatillas) Fletcher "Flora" (logo) Poster museo, Forbes "Graphis", tapa (Pentagram)
PRIMEROS EUROPEOS (ED. REVISTAS)	Erté (1892)	Ilustrador en París. Diseñador Art-decó. Estilizados dibujos con exótica decoración persa.	"Harper's Bazaar" (tapas e ilustraciones).
	Alexei Brodovich (1898-1971)	Dirigió Harper's Bazaar (1934-1958). Diseño editorial. Usaba fotos de Salvador Dalí, M. Ray y Cartier Bresson. Tenía dominio de	"Harper's Bazaar" "Portfolio" (logotipo)

	ARTISTA	CARACTERISTICAS	OBRAS
PRIMEROS EUROPEOS (ED. REVISTAS)		contrastes de escala. Logo de Portfolio en stencil.	
	Joseph Binder	Estilo refinado, uso del aerógrafo. Influencia del cubismo.	"New York World's" (formas simples refinadas). "Café helado" (poster cubista)
	Herbert Matter	Llegó a EE.UU en 1936. Soluciones puras, por medio de la fotografía. Diseño de tapas.	"Fortune" "Harper's Bazaar" "Vogue", "C. Corp" (tapas y afiches)
	George Giusti	Trabajó en Italia y Suiza. Va a Nueva York: estudio de diseño abierto por él. Reduce formas e imágenes a su mínima esencia. Imágenes iconográficas y simbólicas.	"Holiday" "Fortune" (diseños de tapas)
LINEA P. RAND	Paul Rand (1914)	Inició una aproximación al diseño moderno. Diseño no tradicional en tapas de revistas. Su conocimiento de Klee, Kandinsky y los cubistas-condujeron a Paul Rand a formas libres, expresivas. Usaba collage y montajes. Colaboró con Bill Bernbach. Contrastes, activas formas en pasivos fondos blancos.	"Thoughts on Design" (libro) IBM, Westinghouse (diseño corporativo)
	Saul Bass (1921)	Sucesor de Paul Rand. Reducía el diseño a una imagen dominante. No usó la complejidad de la gráfica americana, redujo la comunicación a una simple imagen pictórica. Recortes de papel; energía en sus diseños, calidad en su ejecución.	"The man with the golden arm". "Exodus" "Vuelta al mundo en 80 días"
	Alvin Lusting (1915-1955)	Se dedicó a la arquitectura, diseño industrial, diseño gráfico. Diseños geométricos abstractos. Esencia del contenido en los símbolos. Enseñó diseño. "Forma y contenido": una sola unidad. Diseños de tapas	"A season Hell" "3 tragedies" "27 wagons full of cotton".

	ARTISTA	CARACTERISTICAS	OBRAS
LINEA P. RAND		de discos y libros.	-
	Bradbury Thompson (1911)	Influyente diseñador americano. Conocimientos de impresión y fundición: utiliza caja de tipos para diseñar. Diseño editorial. Tipografía para diseñar. Gran habilidad en el manejo de situaciones complejas.	"Westvaco Inspirations"
	George Tscherny	Diseñador húngaro. Emigró de muy joven. Habilidad en encontrar la esencia de cada tema y expresarlo en términos simples y elegantes, sin detalles de más. Usaba tipografía, fotografía y caligrafía.	"Programa de danza" "Catálogos de exposiciones"
FOTOGRAFOS	Richard Avedon (1923)	Muy estilizado en captar fotografías de personajes. En sus fotografías no se basaba en la técnica, sino en el contenido. Fue fotógrafo de M. Monroe.	"M. Monroe" "Vogue" "Life"
	George Lois (1932)	Energía para vender sus trabajos. Adoptó la filosofía de Bernbach: Integrar lo visual con lo verbal. Diseños simples y directos. Carl Fisher: fotógrafo. Audacia en sus diseños-humor.	"Esquire" (Nixon) "Wolfschnidt" (humor) "Coldene"
	Henry Wolf (1925)	Director de arte de Esquire. Estudió con Brodovich. Grandes fotos. Reemplazó a Brodovich en Harper's Bazaar. Inventiva en la fotografía. Imaginación y elegancia. Abandona Harper's para diseñar "Show". Solución imaginativa a problemas ordinarios.	"Esquire" tapa "Harper's Bazaar"
PUSH - PIN (1954)	Milton Glaser (1929) Seymour Chwast (1931) Reynolds Ruffins (1930)	Ilustración conceptual. Push Pin: 1959. Ruffins: ilustrador de libros. Sorel: dibujante satírico político. Push Pin gráfico: Glaser y Chwast. Inspiración en la historia del arte pero reinventando nuevas e inesperadas formas. Glaser: incorpora la ilustración al diseño gráfico a través de una nueva manera de ver y representar. Dibujos	"The sound of Harten" (poster) "Bob Dylan" (tapa de disco) "Poppy records". "Elektra" "Artome ink" (envase) "Vietnam war"

	ARTISTA	CARACTERISTICAS	OBRAS
PUSH - PIN (1954)	Edward Sorel (1929)	con arabescos de Art Nouveau, colores planos, Pop Art. Picasso: aguas tintas, 20 gráficos de primera línea. Era la unidad de las técnicas visuales e imágenes. Combinó la labor del diseño gráfico con el rol del ilustrador.	(poster) "Push-Pin Graphic" (revista)
	Herb Lubalin (1918-1981)	Apasionamiento por la tipografía. Expandía, condensaba o rediseñaba letras. "La idea precede al diseño". Mensaje: Inmerso en cada imagen tipográfica. Claridad representativa y conceptual de las palabras. Se dedicó al diseño editorial.	"Marriage" "Mother and child" "Fact" "Avant Gard" (tipografía) "Eros" (diseño de tapa)
	Bill Bernbach (1911-1982)	1949- "Doyle, Dane Bernbach". Bernbach: área creativa. Estableció una estrecha relación entre parte visual y verbal. "No existen reglas, sólo creatividad". Todo proviene de la creatividad. Decir la verdad al consumidor. Elevó al director de arte junto al redactor de arte.	"Lámparas" "Think small" (Volkswagen) "Avis"

Bibliografía

- "Arte abstracto y arte figurativo", Biblioteca Salvat de Grandes Temas, Salvat Editores S.A., Barcelona, 1973.
- "Movimientos literarios de Vanguardia", Biblioteca Salvat de Grandes Temas, Salvat Editores S.A., Barcelona, 1973.
- "Cuatro Maestros Modernos: de Chirico, Ernst, Magritte, Miró", Museo Nacional de Bellas Artes, Buenos Aires, 1981.
- Lambert, Rosemary "El siglo XX", Editorial Gustavo Gili, S.A., Barcelona, 1985.
- Maldonado, Tomás, "El diseño industrial reconsiderado".
- Flemming, Herb, artículo de la revista Novum Gebrauchsgraphic "Nostalgie", 3/1980.
- Moholy-Nagy, Laszló, "La nueva visión", Ediciones Infinito Buenos Aires, 1985.
- "Historia de la Arquitectura", Ediciones Ceac S.A., Barcelona, 1977.
- Meggs, Phillips, "A History of graphic disign", Van Nostrand Reinhold Company, N.Y. 1983.
- Alexandre Alexandre, artículo de la revista Novum Gebrauchsgraphic "Der Plakatmaler Raymond Savignac", 3/1980.
- Müller Brockman, "A history of visual communication", Teufen, A. Niggli, 1971.
- L'prandi, G. Marangoni, A; Origoni, F; Pansera, A; "Fifty years of production in Italy", Ideolibri, Italia, 1948.
- Furones, Miguel A., "El mundo de la publicidad", Colección Salvat, Temas Clave, Salvat Editores, S.A., Barcelona, 1984.
- "La publicidad" Biblioteca Salvat de Grandes Temas, Salvat Editores, S.A., Barcelona, 1973.
- Aicher, Otl; Krampen, Matin "Sistemas de signos en la comunicación visual", Editorial Gustavo Gili, S.A., Barcelona, 1979.
- Frutiger, Adrián "Signos, Símbolos, Marcas, Señales", Editorial Gustavo Gili, S.A., Barcelona 1981.
- "La Razón": 75 aniversario, artículo titulado: "75 años de Propaganda Comercial en Nuestro País".
- Trillo, Carlos; Saccomano, Guillermo, "Historia de la historieta argentina", Ediciones Récord, 1980.
- González Ruiz, Guillermo; artículo de la revista Summa, Nº 15 de 1967 "Del Caras y Caretas al Caras y Caritas".
- Méndez Mosquera, Carlos, artículo de la revista Summa Nº 15 de 1967, "Veinte años de diseño gráfico en la República Argentina".
- GA Document- Special Issue 3, A.D.A. Edita Tokyo.
- GA Document- Special Issue 2, A.D.A. Edita Tokyo.
- Gerd Hatje, Diccionario ilustrado de la arquitectura contemporánea. Gustavo Gili, 1980.

- Revista Tipográfica Nº 1, julio 1987.
- Revista Decormundo, Tomo IX.
- Revista "On" Nº 73.
- Pinacoteca de los genios Nº 49.
- "El diseño industrial", Enciclopedia Pueblos Hombres y formas en el arte", Tomo 4**, Centro Editor de América Latina, 1977.

www.ingramcontent.com/pod-product-compliance
Lightning Source LLC
LaVergne TN
LVHW012330100826
845148LV00017B/2063

* 9 7 8 1 6 4 3 6 0 8 5 3 2 *